www.ingramcontent.com/pod-product-compliance
Lightning Source LLC
LaVergne TN
LVHW051111051026
849532LV00004BB/1503
9789369089796

انتخابِ غزلیات

(حصہ دوم)

میر عثمان علی خان

Intikhaab Ghazliaat : Part-2

by: Mir Osman Ali Khan

Edition: July '2025

Publisher :

Taemeer Publications LLC (Michigan, USA / Hyderabad, India)

ISBN 978-93-6908-979-6

کتاب	:	**انتخابِ غزلیات** (حصہ دوم)
مصنف	:	**میر عثمان علی خان**
صنف	:	شاعری
ناشر	:	تعمیر پبلی کیشنز (حیدرآباد، انڈیا)
سالِ اشاعت	:	۲۰۲۵ء
صفحات	:	۱۱۸
سرورق ڈیزائن	:	تعمیر ویب ڈیزائن

غزلیاتِ اُردو

ذرا تو دیکھ آئینے کی حیرانی نہیں جاتی ۳۰
رہی نہ شکل کوئی میرے دم کے جانے کی ۳۱
سامانِ قتل ہے دلِ ناکام اور بھی ۳۲
شبِ غم کی سحر نہیں ہوتی ۳۳
شیشہ و جام سے گو بزم کی زینت ہوگی ۳۴
کب نظر تیری فتنہ گر نہ ہوئی ۳۵
کیا کیفیت کہوں میں شبِ انتظار کی ۳۶
کیوں نہ پتھرا جائیں آنکھیں طالبِ دیدار کی ۳۷
ستاتی ہے مجھ کو محبت تمہاری ۳۸
محبت میں ہے غیر حالت کسی کی ۳۹
مرتے مرتے اُس کے آنے کی تمنا رہ گئی ۴۰
موسمِ گُل ہیں ہر اک رندِ جواں ہے ساقی ۴۱
موسم ہے دلفریب فضا ہے بہار کی ۴۲
نہ آیا اور کچھ ہم کو اگر آئی وفا آئی ۴۳
ہو گئی بزم میں یہ شرحِ بیانی کیسی ۴۴
ہوئی پھر یاد تازہ بلبل و گل کے فسانے کی ۴۵
یہ آہِ حزیں جو عیاں ہو گئی ۴۶
یہ کہہ رہی ہے پلٹ کر نگاہِ یار ابھی ۴۷
اپنے پہلو سے جو ہم تم کو جُدا دیکھیں گے ۴۸
اُدھر جو بزم میں یہ دَورِ جام باقی ہے ۴۹
اے ظالم قفس میں بند مجھکو تو نہ کر پہلے ۵۰
اک نُور تو ہے شمعِ فروزاں لئے ہوے ۵۱

اگر برق تیری نظر ہو گئی ہے ۵۲
انداز تو عجیب یہ بادِ سحر کا ہے ۵۳
اے چشمِ یار اتنا بتا دے ذرا مجھے ۵۴
ایسا کہاں نصیب کہ وہ فتنہ گر ملے ۵۵
بات میں بات کیا نکالی ہے ۵۶
بادِ خزاں کے دَور میں بادِ سحر تو ہے ۵۷
بے پردہ اگر حشر میں وہ فتنہ گر آئے ۵۸
بیٹھے ہیں ہم بھی عشق کا ساماں کئے ہوئے ۵۹
پھولوں کی بو بسی ہوی بادِ سحر میں ہے ۶۰
تڑپ کر جیسے شمعِ بزم پر پروانہ آتا ہے ۶۱
تسلّیٔ دلِ بے تاب کر دے ۶۲
تیرِ مژگاں کا ترے زخم بہت کاری ہے ۶۳
تیرِ نگاہِ ناز عجب کام کر گئے ۶۴
جان جاتی ہے مری ناز و ادا سے پہلے ۶۵
جتنے گلے تھے دِل کے فراموش ہو گئے ۶۶
جدھر دیکھو حقیقت جلوہ گر ہے ۶۷
چہرے سے گُل کے رنگ طرب آشکار ہے ۶۸
حُسن کی سیر اور ہے سیرِ گلستاں اور ہے ۶۹
حیف اُن پھولوں پہ جو کانٹوں کے بس میں ہو گئے ۷۰
خزاں کے آتے ہی فصلِ بہار گزری ہے ۷۱
دارِ فانی سے بھی انسان کو سفر کرنا ہے ۷۲
درد کا دل میں گھر نہ ہو جائے ۷۳

دل سے جب دل کو راہ ہوتی ہے	۷۴	سودا تمہاری زلف کا مدت سے سر میں ہے	۸۵
دل ہی نہ اپنا معتکفِ کوئے یار ہے	۷۵	شکستہ شیشہ کو ہمراہِ جام کرلیں گے	۸۶
دن سے کرتے ہیں وہ وعدے شام کے	۷۶	شکوۂ جور تجھے دیکھ کے ہم بھول گئے	۸۷
دھواں اُٹھنے لگا ضبطِ فغاں سے	۷۷	شوقِ مے فصلِ بہاری میں مچل جاتا ہے	۸۸
دیدہ و دل میں جو قاتل کی ادا پھرتی ہے	۷۸	صفِ عشاق کی پیہم صفائی ہوتی جاتی ہے	۸۹
دیکھنے والے محبت کا اثر دیکھا کئے	۷۹	صورت سے عیاں ہے نہ کہوں گا میں زباں سے	۹۰
راحتِ عیش و عشرت و آرام سے گئے	۸۰	ظالم کہاں کہاں ترے تیرِ نظر گئے	۹۱
رکھتا نہیں ہے جبیں تلے آسماں مجھے	۸۱	غمزے نئے نئے ہیں اشارے نئے نئے	۹۲
زیبِ نوکِ خامہ جس دم رازِ پنہانی ہوئے	۸۲	غمِ فراق کو دیرینہ آشنا سمجھے	۹۳
ساقی شرابِ ناب دے اور بار بار دے	۸۳	فرقتِ یار میں صبر آئیگا آتے آتے	۹۴
سرورافزائے خاطر ہے بہارِ زندگانی ہے	۸۴	فصلِ گل آئی کشادہ ہر درِ میخانہ ہے	۹۵

کچھ سحر کا وقت ہے کچھ شام ہے	۹۶	مُژدہ آیا ہے خبر سے پہلے	۱۰۷
کس بلا کا حُسن اُس کاکُل میں ہے	۹۷	مرے نالوں نے جو اک حشر اُٹھا رکھا ہے	۱۰۸
کس نے ملایا بادہ میں سم کچھ نہ پوچھئے	۹۸	دیکھے ہیں جلوے بھی ایں نے رات کو مہتاب کے	۱۰۹
کسی کی زُلف او رُرخسار کا جیسے کہ سودا ہے	۹۹	نالہ ہائے بُلبلِ شیدا میں کیا تاثیر ہے	۱۱۰
کوئی کیا جانے کیونکر دل کسی کے دل سے ملتا ہے	۱۰۰	نہ پُوچھو یہ لگی آتش کہاں سے	۱۱۱
کھچے گی تیغ تو ہم اپنا کام کرلیں گے	۱۰۱	نہ دل میں چین نہ صبر و قرار باقی ہے	۱۱۲
لب پہ اے چرخ مری آہِ رسا آتی ہے	۱۰۲	نہ ظالم باز آ جَور و جفا سے	۱۱۳
لبِ جاں بخش ہیں اعجاز دکھانیوالے	۱۰۳	نہیں کچھ فائدہ اس زندگی سے	۱۱۴
مٹے عاشقوں کے نشاں کیسے کیسے	۱۰۴	وارفتہ خود بخود جو دلِ بیقرار ہے	۱۱۵
مجھ سے شبِ فراق کی آفت نہ پوچھئے	۱۰۵	ہیں داغِ عشق کے بھی نگینے نئے نئے	۱۱۶
مرا دل جو نذرِ جفا ہو رہا ہے	۱۰۶	یادِ مے دل سے فراموش ہوئی جاتی ہے	۱۱۷

بسم اللہ الرحمٰن الرحیم

دیباچہ

اعلیٰحضرت آصفِ سابع (جنت مکان) کا کلام بلاغتِ نظام سامنے ہے۔ بے خبری کے عالم میں اس کے اوراق جا بجا سے اُلٹتا پلٹتا ہوں۔ نگاہ الفاظ اور فقروں پر ہے۔ لیکن حافظہ دور دراز ماضی کی تاریخ اور حال کے حادثات کو اس طرح گردش دیتا اور سامنے لاتا ہے، جیسے برسات کے آبلہ پا بادل ہوا کے جھونکوں سے طرح طرح کے خاکوں اور شکلوں میں بنتے اور بکھرتے ہوں۔ سواحلِ مالابار پر عرب تاجروں کا نُزول، دکن پر خلجیوں کی تاخت، بہمنی سلطنت کا عُروج وزوال، اُس کے حکمرانوں کی شعروادب و علوم وفُنون کی سرپرستی، صُوفیائے کرام کا پیامِ امن واُخوّت، مملکتِ میسور اور حیدر علی

اور ٹیپو سلطان کی یوروپین تاجروں اور طاقتوں سے نبرد آزمائی، خاندان آصفیہ کا قیام دربار اور دبدبہ، تہذیب و تمدّن، شعر و ادب اور علم و فضل، آخر میں زوال و زبونی، کیسے کیسے اور کہاں کہاں کے مناظر و معرکے صف اندر صف قطار اندر قطار متخیلہ سے گزرنے لگے اور گزر گئے۔ ثبات ایک تغیر کو ہے زمانے میں۔

تاریخی پسِ منظر، عہدِ آصفی

اعلیٰحضرت کی شاعری دکن میں اُردو شاعری کے اس پس منظر میں دیکھنا ضروری ہے جو تقریباً چار سو سال کی مُدت پر پھیلا ہوا ہے۔ بہمنی دور میں اردو شاعری کا آغاز ہو گیا تھا لیکن یہ برگ و بار لائی عہدِ قطب شاہی اور عادل شاہی میں۔ ایک لحاظ سے اعلیٰحضرت کا کلام اس تاریخی ورثے کی ایک کڑی ہے جو محمّد قلی قطب شاہ، وجہی، غوّاصی، اور ابن نشاطی کی شاعری کا احاطہ کئے ہوے ہے۔ دکن میں اُردو زبان اور اُردو شاعری دو بڑی لہروں کی شکل میں وارد ہوئیں، اُردو زبان اور شاعری کا نقشِ اوّل قدیم اُردو کی وہ شاعری ہے جس کا تذکرہ ابھی کیا جا چکا ہے۔ دوسری لہر آصف جاہی خاندان کے ساتھ اٹھارویں صدی کے ربع اوّل میں پہنچی۔ یہ عجیب و غریب

اِتفاق ہے کہ یہی وہ زمانہ ہے جب وَلی اُردو شاعری کا دِیا لے کر دہلی پہنچے جس سے وہاں بے شمار چراغ روشن ہو گئے اور آصف جاہ اوّل "محاورہ شاہجہاں آباد" جلو میں لے کر قدیم اُردو کے "بابُ الدّاخلہ" اورنگ آباد میں نُزول فرماتے ہیں۔ اس طرح دکن اور شمال کے درمیان ادبی لین دین کا بازار گرم ہو جاتا ہے۔ اُردو اپنے آصف جاہی رُوپ میں دکن کی قدیم اُردو سے خاصی مختلف ہو چکی تھی۔ چنانچہ آصف جاہی خاندان کے تسلّط اور حیدرآباد کو دارُالسلطنت بنانے کے ساتھ ہی قدیم اور جدید اُردو کی کشمکش کا آغاز ہو جاتا ہے۔ قطب شاہی خاندان کے آخری فرمانروا ابوالحسن تاناشاہ کے کلام کے یہ اشعار ہم پڑھ رہے تھے ؎

تُجھ مُکھ کوئی چندر کہتے، کوئی صورتیں انور کہتے
کوئی حُسن کا مندر کہتے، کوئی کچھ کہتے کوئی کچھ کہتے

کہ نظامُ الملک آصف جاہِ اوّل کی شُمالی اُردو کا یہ شعر بلند ہوا۔

گالی نہ کہو کوئی مرے دلبر کو حسد سے
مجھ دل کے گلے میں یہ دُعائے یمنی ہے

آصف جاہ اوّل کے فرزند اور جانشین نے اس لہجہ اور اسلوب کو اپنے کلام میں جاری و ساری رکھا۔

چشمِ بد دور دلبراں سارے
اپنے ناصر کو پیار کرتے ہیں

نظام الملک آصف جاہ ثانی اور بعد کے آنے والے حکمرانوں نے تخلیقی کارناموں کی طرف توجہ نہیں کی لیکن یہ انھیں کی ادبی سرپرستی کا طفیل تھا کہ ارسطو جاہ، چندو لال شمس الامرا، مختار الملک اور یمین السلطنت مہاراجہ کشن پرشاد جیسے سخنور اور سخن سنج پیدا کئے۔ جن کی شعروادب سے شیفتگی، اربابِ کمال سے شغف نے، شاہ تجلّی، ماہ لقا بائی چندا، شیر محمد ایمان، محمد صدیق قیس، اور میر شمس الدین محمد فیض جیسے صاحبانِ سخن کو بامِ عروج پر پہنچایا۔ دوسری طرف والیانِ دکن کی "قدرِ سخن" اور "کشش کاف کرم" نے شاہ نصیر، حفیظ دہلوی، داغ، امیر، فانی اور جلیل وغیرہ کو اس طرح کھینچا کہ بیشتر یہیں آسودۂ خاک ہوے۔

اعلیٰحضرت سلطان العلوم کا عہد اس اعتبار سے ممتاز ترین قرار پاتا ہے کہ اس میں اردو کو نہ صرف سرکاری اور علمی سطح پر وقعت نصیب ہوی بلکہ اعلیٰحضرت کے

دورِ حکومت میں حیدرآباد اُردو شاعری اور ادیبوں کا ماویٰ وملجا اور بڑا اہم مرکز بن گیا۔ ملک بھر سے ادیب، شاعر اور اہلِ کمال جوق در جوق حیدرآباد "اُردو بُنیاد" کی محفلوں میں آنے لگے۔ اعلیٰحضرت نہ صرف سخن فہم تھے بلکہ سخنداں بھی تھے، جس کا ثبوت اُن کا پیشِ نظر کلیات ہے۔ سُلطان العلوم اُردو شعر کی عظیم روایت کے محافظ اور ضامن تھے، ان کے کلام میں اس روایت کے پرتو کا پایا جانا لازمی تھا۔ تشبیہ و استعارہ، محاورہ، روزمرہ اور زبان و بیان کے اعتبار سے اعلیٰحضرت کے کلام میں اُردو کے مُستند و معروف غزل سراویوں کی بازگشت ملتی ہے یہ اس کی واضح دلیل ہے کہ اعلیٰحضرت کا مُطالعہ گہرا اور نظر وسیع تھی اور وہ ہر گُلستان سے گلچینی کر سکتے تھے۔ مثلاً۔

نیا یہ ڈھنگ نکالا مری عیادت کا
وہ دیکھ کر مرے زخموں کو مسکراتے ہیں

☆

مئے گلرنگ کی ہے جلوہ گری شیشے میں
بند کی ہے مرے ساقی نے پری شیشے میں

بات میں بات کیا نکالی ہے
اُس کی جو بات ہے نرالی ہے

☆

رُخسار و چشم یار کی تصویر دیکھنا
نرگس کے پھول باندھ دیئے ہیں گلاب میں

☆

اس قدر کُھب گئی آنکھوں میں یہ صُورت تیری
اب کسی کو بھی نہ ہم تیرے سوا دیکھیں گے

☆

تری نظر سے ترا مُدعا سمجھتے ہیں
نظر شناس تری ہر ادا سمجھتے ہیں

☆

بعض معروف غزل گویوں پر اعلحضرت کی نظر خاص طور پر مرکوز تھی۔

یہ مصرعے مُلاحظہ ہوں :

در و دیوار پہ حسرت سے نظر کرتے ہیں

مٹے عاشقوں کے نشاں کیسے کیسے

☆

حقیقت خود کو منوا لیتی ہے مانی نہیں جاتی

☆

بادہ جب تک ہے فروغِ جام ہے

☆

یہ بات گُل کو بہت ناگوار گزری ہے

☆

زندگی نام ہے مر مر کے جئے جانے کا

☆

جیسے قرآن پسِ توریت و زبور و انجیل

☆

زبان و بیان کی صحت، سلاست اور صفائی

زبان کی صحت، صفائی اور سلاست کا اہتمام ہر ترقی یافتہ زبان میں ملتا ہے اور کہا جاتا ہے۔ سب سے پہلے اس کی ضرورت شاعری اور موسیقی کے لئے محسوس کی گئی ہوگی۔ جن کے حسن کا بہت کچھ مدار اس عمل پر ہے اس کے بعد نثر میں بھی اس

کا لحاظ رکھا جانے لگا۔ زبان و ادب کے ارتقا اور ترقی میں یہ عمل مُسلسل ہوتا رہتا ہے۔ گفتگو اور تحریر میں اس کا خاص طور پر لحاظ رکھتے ہیں کہ زبان کس درجہ صحیح، صاف، سلیس، سادہ اور خوبصورت ہے۔ اُردو شاعری کو جو نسبت عربی اور فارسی سے رہی ہے، اس سے کچھ کم دخل اس کی ابتدا، ارتقا اور عُروج میں ہندوستان کے فلسفہ، مذہب، شعر و ادب، فُنون لطیفہ، یہاں کی سرزمین، یہاں کے لوگ، اُن کے رہن سہن اور روایات کو نہیں رہا ہے۔ اس طرح اُردو کی ہیئت، مزاج، معیار اور نشو و نما میں جتنے اور جیسے عوامل دخیل رہے ہیں وہ کم زبانوں کے حصے میں آئے ہوں گے۔ ایشیا کو مذاہب کا گہوارہ مانا گیا ہے، تہذیبوں کا سرچشمہ بالعموم مذاہب رہے۔ ہیں۔ مذاہب اور عبادت کی زبان کا اسلوب بالعموم شاعرانہ اور خطیبانہ ہوتا ہے۔ یہی سبب ہے کہ ایشیائی شعر و ادب میں شاعری اور خطابت کا رنگ بالعموم نمایاں رہا ہے۔ اس کا ایک اور اہم سبب یہ ہے کہ اس کی ترقی کا زمانہ سلاطین اور صنادید کے درباروں بالعموم ان کے زوال کا زمانہ ہوتا ہے اور درباروں اور حکومتوں کا زوال اُن کی تہذیب اور شائستگی کے نقطۂ عروج سے شروع ہوتا ہے اس لئے اُردو شعر و اد

میں تکلفات کا اہتمام زیادہ ملتا ہے۔ زبان کی صحت و صفائی کا ایک بڑا فائدہ یہ ہے کہ کلام میں فکر، جذبہ اور تخیل کا عنصر کم یا برائے نام ہو، جب بھی وہ محض حُسنِ بیان کے اعتبار سے دل نشین ہو جاتا ہے اور کلام کا دل نشین ہونا کلام اور صاحبِ کلام دونوں کا بڑا قابلِ قدر کارنامہ ہے، ان بیانات کی روشنی میں اعلیٰحضرت کے کلام سے ذیل کے اشعار پیش کئے جاتے ہیں:

آہوں میں کچھ کمی نہ ہوی داغِ عشق میں ۔۔۔ تھا یہ عجب چراغ کہ روشن ہَوا میں تھا

آتا ہے تُو نہ جان نکلتی ہے ہجر میں ۔۔۔ تیری طرح سے بھول گئی ہے قضا مجھے

نازو ادا سے آپ کا آنا تو دیکھئے ۔۔۔ تعظیم کو کھڑی ہے قیامت بھی راہ میں

جوابِ چشمِ جاناں کیوں نہ ہو تیری زباں عثمانؔ ۔۔۔ اُدھر جادو نگاہی ہے اِدھر جادو بیانی ہے

حال پر میرے شام ہی سے کہیں ۔۔۔ چاک دامن سحر نہ ہو جائے

خود جفا و وفا پہ غور کرو ۔۔۔ اُس میں کچھ فائدہ ہے یا اس میں

ہمارے عشق کا افسانہ اکثر ۔۔۔ وہ سنتے ہیں رقیبوں کی زباں سے

الٰہی ہو رہی ہے عید کیسی آج مقتل میں ۔۔۔ کوئی بسمل سے ملتا ہے کوئی قاتل سے ملتا ہے

خدا جانے کیا کیا کرے گی نہ رسوا ۔۔۔ یہ چاہت ہماری یہ صورت تمہاری

جینا بھی اس کے ساتھ ہے مرنا بھی اسکے ساتھ ۔۔۔ دُنیا قیام گاہ نہیں رہگزر تو ہے

کچھ سمجھ میں نہیں آتا یہ معمہ عثماں ۔۔۔ عمر معلوم نہیں جاتی ہے یا آتی ہے

یہ تاثیر بھی دل دُکھوں کی سنو ۔۔۔ خموشی بھی دیکھو زباں ہو گئی

کسی کو آپکے وعدے سے کیا تسکین ہو عثماں ۔۔۔ کہ فردائے قیامت آپ کا اقرار فردا ہے

اعلحضرت کہیں کہیں داغ کے رنگ کو اپنانے میں نمایاں حد تک کامیاب ہوئے ہیں

یہ اشعار ملاحظہ ہوں ؎

الٰہی خیر ہو بدلے ہوئے ہیں یار کے تیور ۔۔۔ ستم آیا، غضب آیا، بلا آئی قضا آئی

نگاہیں قہر ڈھاتی ہیں ادائیں دل لبھاتی ہیں ۔۔۔ قیامت جس کو کہتے ہیں تری اُٹھتی جوانی ہے

آنکھوں میں اثر مے کا ہے لغزش ہے قدم میں ۔۔۔ یہ تو کہو اس شان سے آتے ہو کہاں سے

نہ ظالم باز آ، جور و جفا سے ۔۔۔ اگر ہم مر گئے تیری بلا سے

یہی دل چاہتا ہے سامنے ہر دم یہ منظر ہو ۔۔۔ کوئی گردن جھکائے ہو کوئی مائل بہ خنجر ہو

ہماری جان گئی تیری دل لگی ٹھہری ۔۔۔ سکھایا کس نے ادا کو تری قضا ہونا

جان جاتی ہے مری ناز و ادا سے پہلے ۔۔۔ غمزہ ڈھاتا ہے ستم تیغِ جفا سے پہلے

رعایت و مناسبات

حُسن کاری و حُسن آفرینی شعر و ادب اور فنونِ لطیفہ کے لوازم ہیں۔ یہ تہذیبی زندگی کے تقاضے بھی ہیں اور اس کے انعام بھی۔ امن اور آسودگی کے دور میں یہ رُو بہ ترقّی ہوتے ہیں لیکن یہی امن و آسودگی، تعیش و طرب ہوس ناکی میں بدل جائے تو زندگی تب و تاب سے محروم ہونے لگتی ہے اور تہذیب مجہول اور مُعطّل ہو کر بے جان و بے اثر ہو جاتی ہے۔ وحشی قبائل اور جانوروں کی پناہ گاہوں سے لے کر اجنتا اور ایلورا کے غاروں تک اور وہاں سے شروع ہو کر سائنس اور ٹکنالوجی کی موجودہ فتوحات تک ہماری زندگی جن طریقوں، راستوں اور آزمائشوں سے گزرتی ہوئی موجودہ دور تک پہنچی ہے وہ اسی داستان کے شب و روز ہیں۔ دربار اور دبستانِ لکھنؤ کی اُردو شاعری، حُسن کاری اور حُسن آفرینی کے انھیں منازل سے گزری ہے۔ انسان کا ذوق اور ذہن ان سے ضرور گزرتا ہے لیکن گزر جاتا ہے۔ ٹھیرتا نہیں۔ اور یہی ہونا چاہیئے۔ ورنہ حُسن کاری اور حُسن آفرینی تخلیقی عمل نہیں رہ جاتے بلکہ مُعطّل اور بے جان ہو جاتے ہیں۔ اور زندگی کا سیلِ رواں ان کو خس و خاشاک کی طرح بہا لے جاتا ہے۔ شاعر جب یہ کہتا ہے ؎

مشاطہ رابگو کہ براسبابِ حُسنِ یار چیزے فزوں کند کہ تماشا بہ مارسد

تو اسی ابدی حقیقت و بشارت کی طرف اشارہ کرتا ہے۔

لکھنؤ کے اس عہد میں صنائع بدائع اور دوسرے تکلفات اُردو شاعری کا وسیلہ نہیں مقصد سمجھا جانے لگا۔ اس سے ہر صنفِ کلام کو نقصان پہنچا۔ زندگی نے یکسر اور یک بیک پلٹا نہ کھایا ہوتا تو اُردو شاعری مدتوں ان کی گرفت سے آزاد نہ ہوسکتی۔ لکھنؤیوں بھی زمانہ اور زندگی کی شاہراہ (فورٹ ولیم، لکھنؤ، علی گڈھ، دہلی اور لاہور) جس محور پر تھا وہاں تکلف اور تصنع کی شاعری دیر تک قائم نہیں رہ سکتی تھی۔ حیدر آباد اس شاہراہ اور منطقہ سے بہت دور اور الگ تھا۔ شاید اسی سبب سے اعلیٰحضرت کی شاعری کا انداز اور اسلوب زیادہ تر وہی رہا جو لکھنؤ کا تھا۔ ساتھ ہی ساتھ اس پر تعجب بھی ہوتا ہے کہ ایسا کیوں ہوا۔ جب اعلیٰحضرت کی شاعری کا دور حیدر آباد ہر اعتبار سے عہد زریں تھا۔ جب دورِ آصفی اور عثمانیہ یونیورسٹی کی کشش سے ہندوستان کے کتنے منتخب روزگار وہاں یکجا ہو گئے تھے۔ یہ اشعار ملاحظہ ہوں ؎

یہ بھی درازیٔ شبِ ہجراں کی ہے دلیل جو شام سے تصورِ گیسوئے یار ہے

کام تو نے یہ عجب غیرتِ شمشاد کیا   داغ لالے کو دیا سرو کو آزاد کیا

مثلِ پروانہ جلائے ہیں دلوں کو کیا کیا   شعلہ رُویوں نے بھی اندھیر مچا رکھا ہے

سُلجھتی ہی نہیں گُتھی ہمارے بختِ خُفتہ کی   تری زُلفِ سیہ نے بھی بلا کے پیچ ڈالے ہیں

افشاں جما کے تم نے یہ اندھیر کر دیا   گرنے لگے زمیں پہ ستارے نئے نئے

جبینِ یار کی افشاں سے صاف ظاہر ہے   قمر کے گرد ہے ہالہ کئی ستاروں کا

عثماں ہوئی ہیں عشق میں کیا کیا مصیبتیں   اس مختصر کی مجھ سے طوالت نہ پوچھئے

گھٹا سمجھو نہ اس کو بادہ نوشو ہجرِ جاناں میں   سرِ گلشن مرا دودِ جگر بن کر سحاب آیا

کسی نے دستِ حنائی سے پونچھ کر آنسو   لگا دی آگ مری اشکبار آنکھوں میں

گھونٹ پیتے ہیں لُہو کے زاہدانِ خُشک بھی   جُرعہ جُرعہ میکشوں کی بادہ خواری دیکھ کر

صبحِ عشرت اپنی یاں شامِ جُدائی ہو گئی   زُلف کو عارض پہ کیوں تو نے پریشاں کر دیا

مرا خونِ تمنا رفتہ رفتہ رنگ لایا ہے   کہ رنگتِ دستِ نازک کی حنائی ہوتی جاتی ہے

عثماں تو کر چکا ہے ہزاروں کا امتحاں   بے شر ہوں جو کہ ایسے بہت کم بشر ملے

غیر کو مدِ نظر کیوں ہے اُٹھانا میرا   نہ تو چلمن نہ نقابِ رُخِ جاناں ہوں میں

کسی سے دل جو لگا ہو تو سمجھیں اے عثماں　　ہمارے دل کی لگی کو وہ کیا سمجھتے ہیں

شاعر اپنی میزان میں

شاعری بالخصوص غزل گوئی میں شعرا غمِ دوراں اور غمِ جاناں کے ساتھ اپنے بارے میں بھی کچھ اعلان و اعتراف کرتے رہتے ہیں جو شاعر کے تجربے، تخیُّل یا تاثُّر کا خُلاصہ ہونے کے باعث اس کی شخصیت اور شاعری کی قدر و قیمت مُتعین کرتے ہیں کلام یا حاصلِ کلام کا اختتام شُعرا اکثر اپنے تخلُّص پر کرتے ہیں اور یہ اظہار ہوتا ہے۔ اس امر کا کہ ایک خاص موقع یا محل پر زمانہ، زندگی یا اپنے بارے میں اس کا نقطۂ نظر کیا تھا اس سے اس کے ذوق اور ظرف کا اندازہ لگاتے ہیں۔ مقطع، نظم کا نقطۂ عروج اور شاعر کے فکر و نظر کی رسائی یا نارسائی کا پیمانہ یا پیمائش ہوتا ہے اور اس میں "سخن گسترانہ بات" کا آنا لازمی ہے۔ اعلٰحضرت کے کچھ مقطعے مُلاحظہ ہوں ؎

عثماں بھی شاعری میں بڑا نام کر گیا　　گو اک سے اک بڑھا ہوا خلقِ خدا میں تھا

عثماں طمع رہی نہ کسی بات کی مجھے　　سب کچھ ہے میرے پاس خُدا کا دیا ہوا

ہمیشہ رہے فضلِ خالق سے عُثماں　　ریاست تُمھاری حکومت تُمھاری

اعلٰحضرت کی غزلیات بالعموم مختصر ہیں، ہر غزل کے اوپر لازماً ایک قطعہ ہے۔اکثر نعت و منقبت پر مشتمل، ان مختصر غزلوں میں بھی دو ایک شعر نعت و منقبت کے ہوتے ہیں۔

اعلٰحضرت کے کلام میں بعض الفاظ زیادہ کام میں لائے گئے ہیں ، جیسے ممدوح کے رُجحانِ طبع و تخیل کو اُن سے بڑا سہارا ملتا ہو۔بعض یہ ہیں۔خُم غدیر، نجف، بوتراب، طٰہٰ ، صدف، دُرِ ثمیں، خمر، گلاب، میخانہ، وغیرہ۔اسی طرح فارسی کلام میں بعض تاکیدی کلمات کا استعمال نُمایاں ہے۔مثلاً تو ، بہ بیں ، نگر، تو نگر۔(دیکھ لو) دان تو، شنو وغیرہ۔

پچھلے کم و بیش ڈیڑھ سو سال میں اُردو شعر و ادب نے جن مختلف تحریکوں اداروں اور اکابر کے سہارے جیسی حیرت انگیز ترقی کی ہے وہ ہندوستان کی دوسری زبانوں یا شعر و ادب میں مشکل سے نظر آئے گی۔اس ترقی کے شُمالی ہند مرکزوں سے قطع نظر دکن سے فارسی اور اردو شعر و ادب کے عُروج کا جو گہرا لسانی، تہذیبی رشتہ بہمنی سلطنت سے لے کر عہد آصفی تک رہا ہے اس کی مثال شمالی ہند میں بھی باستثنائے چند حکمرانوں کے عہد کے مشکل سے ملے گی۔یہاں تک کہ علم و ادب کی سرپرستی میں مُغلیہ سلطنت کے بعض اُمرا جس دریا دلی

سے کام لیتے تھے، اس سے کچھ کم کارنامے عہد آصفیہ کے امرائے دولت کے بلا تخصیص مذہب وملّت نہیں ہیں۔ علم وہُنر اور اربابِ کمال کی سرپرستی اور حوصلہ افزائی کے اعتبار سے یہ اُمرائے کبار کبھی کبھی خاندانِ برمکہ (عہد دولتِ عبّاسیہ بغداد) کی یاد تازہ کرتے تھے۔ اس کے علاوہ جس عالی حوصلگی اور وسعتِ نظر سے اعلحضرت کے عہد اور شاہی سرپرستی میں جن اُولوالعزم اعیان و اکابر سلطنت کی تحریک وتعاون سے عثمانیہ یونیورسٹی وجود میں آئی اور ہندوستان کی علاقائی زبانوں میں ہمہ علاقائی زبان اُردو کو یہ درجہ حاصل ہوا جس آزادی، آسانی اور کامیابی سے اس زبان میں کم وبیش تیس(۳۰) سال یونیورسٹی کی اعلیٰ سطح پر ہر مضمون اور فن کی تعلیم دی گئی اور اندرون وبیرون ملک کی معیاری یونیورسٹیوں نے اس کے فارغ التحصیل طلبا کو اپنایا وہ ہندوستانی زبانوں کی تقدیر کا ایک روشن باب اور عظیم بشارت تھی۔ اس کے علاوہ دائرۃ المعارف کے اعلیٰ تحقیقی اور تاریخی کارناموں سے علوم اسلامی کو جیسا فروغ اور نشر واشاعت نصیب ہوی وہ بھی علوم مشرقیہ کی تاریخ میں کبھی بھلائی نہ جاسکے گی۔

وضع روزگار

اعلیٰحضرت نے اپنی عُمر میں زمانے کے بہت سے نشیب و فراز دیکھے۔ آخری مُغل شہنشاہ بہادر شاہ ظَفر اور خانوادۂ آصفیہ کے آخری فرمانروا میر عثمان علی خاں آصف جاہ سابع بیشتر لحاظ سے ایک دوسرے سے بہت مماثل ہیں۔ یہ دونوں اپنی محرومی و بربادی دیکھنے کے لئے دیر تک زندہ رہے۔ ایک جلاوطنی میں دوسرا اپنی ہی بارگاہِ بام و در میں۔ شاہ ظَفر کی شاعری میں "دَورِ گدایانہ کا کرب" جا بجا ملتا ہے۔ ناممکن تھا کہ میر عثمان علی خاں کی شاعری میں "وضع روزگار" کا غم نہ ملے۔ ٹُھمریاں لکھنے کا دونوں کو شوق تھا۔ اس کا ایک سبب یہ بتایا جاتا ہے کہ شاہ ظَفر اس طرح کے گانے تصنیف کر کے مُغنّیوں سے سُننے کے شائق تھے۔ ممکن ہے اعلیٰحضرت بھی ہوں لیکن زیادہ قرینِ قیاس یہ ہے کہ عُمر کے آخر حصّہ میں جب حیات اور حکومت کا آفتاب ڈوبنے کے قریب ہوتا ہے اور یاس و تنہائی اور خاموشی کے سائے اور سردی بڑھنے لگتی ہے تو اسی طرح کے غم ناک راگوں میں پناہ لینے سے تسکین ملتی ہے۔ کاش اعلیٰحضرت کا کلام تاریخ وار مُرتّب کیا جا سکتا تا کہ معلوم ہو سکتا کہ سوزِ غم اور درد و داغ کہاں کہاں اور

کیسے آئے۔ تاہم بعض اشعار خواہ وہ کسی دور کے ہوں یا تو حقیقت حال ہیں یا اندیشہ فردا۔ ملاحظہ ہوں:۔

ستم کا دور رہا بار بار ہم پر بھی نہ پوچھ کیسے تھے یہ روزگار ہم پر بھی
بتائیں کیا تمہیں قصے زمانِ ماضی کے گزر چکے ہیں یہ لیل و نہار ہم پر بھی

☆

فلک کے جور سے سب لطف مٹ گیا عثماںؔ نہ مے رہی نہ وہ صحبت نہ یار باقی ہے

☆

اک اک طرح تمہیں عمر کو اپنی عثماںؔ جھیل کر آفت و آلام بسر کرنا ہے

☆

گردشِ انقلاب سے عثماںؔ آج دنیا تباہ ہوتی ہے

☆

سابق کے رنگ ڈھنگ وہ عثماںؔ بدل گئے منظر نئے نئے ہیں قرینے نئے نئے

☆

وہ "شہ عثماں" جو کسی زمانے میں کہتا تھا۔

جبہ سا خاکِ دکن پر آج ہے سارا جہاں

مُلکِ دارا اور ہے اقبالِ عثماں اور ہے

یا، یہ دُنیا کہتی جاتی ہے صداقت کی قسم کھاکر

عروج و شان و شوکت میں ذرا ملکِ دکن دیکھو

یا، زمانہ کہتا ہے بے لاگ عثماں

ہر اک کو آس ہے تیرے ہی در سے

☆

یکسر بدلے ہوئے حالات میں اُس کا یہ لہجہ کتنا حزیں

ہے :-

کس نے ملایا بادہ میں سم کچھ نہ پوچھئے

کیا کیا ہوئے ہیں ہم پہ ستم کچھ نہ پوچھئے

☆

زمانے کے حالات کا ہے اثر

مری زیست مجھ پر گراں ہوگئی

☆

عثماں ز انقلاب جہاں راگریز نیست

از وضع روزگار شکایت چہ میکنی

☆

رشید احمد صدیقی

ذاکر باغ، مسلم یونیورسٹی، علی گڑھ

غزلیاتِ اُردو

قطعہ

ساغرِ مے سے ہمارا دردِ سر جاتا رہا سننے والوں کے لیے پیکِ خبر جاتا رہا
یثرب و بطحی انجف اور کربلا کے سامنے دیکھنا عثماںؔ جھکا کر اپنا سَر جاتا رہا

غزل

ذرا تو دیکھ آئینہ کی حیرانی نہیں جاتی ہر اک سے آج کل یہ فکرِ انسانی نہیں جاتی
چمن میں موسمِ گل نے کھلائے لالہ و ریحاں ذرا دیکھو کہ صحرا سے بھی ویرانی نہیں جاتی
ذرا تو پوچھ لے بانگِ درا سے ماجرا کیا ہے پہنچ کر بھی سرِ منزل پریشانی نہیں جاتی
بہاروں میں یہی کہتے ہیں غنچے شاد ہو ہو کر چمن سے آج دیکھو جلوہ سامانی نہیں جاتی

جہاں میں دیکھ تو عثماںؔ ذرا یہ غور سے نکتہ
حقیقت خود کو منوالیتی ہے مانی نہیں جاتی

قطعہ

رونقِ بزمِ طرب بادۂ گلفام سے ہے
جو شکایت ہے مجھے گردشِ ایام سے ہے

اپنی بخشش کے لئے اور کہوں کیا عثماںؔ
ساری اُمید مری بانیٔ اسلام سے ہے

غزل

رہی نہ شکل کوئی میرے دم کے جانے کی
خبر ہے ایک مسیحا نفس کے آنے کی

کہیں کہیں کوئی تنکا۔ پرِ شکستہ کہیں
زبانِ حال یہ ہے میرے آشیانے کی

خود اپنی آگ میں پروانے جل کے خاک ہوئے
کہی نہ شمع سے حسرت لگی بجھانے کی

کسی کی تیغِ ستم چل کے رُک گئی ورنہ
ہوس ہمیں بھی تھی تقدیر آزمانے کی

کچھ اور رنگ نظر آرہا ہے اب عثماںؔ
یہ تیرے عہد نے بدلی روش زمانے کی

قطعہ

نہیں ڈرتے کسی سے راہِ منزل دیکھنے والے　　مثالِ قیس ہیں وہ سوئے محمل دیکھنے والے

یہ کہتے جلتے ہیں پروانے سارے جان دے دیکر　　گزر جاتے ہیں یوں ہی شمعِ محفل دیکھنے والے

غزل

سامانِ قتل ہے دلِ ناکام اور بھی　　ابروئے یار کھینچے ہے صمصام اور بھی

مژگاں سے بچ کے جائے کہاں مرغِ دل مرا　　زلفوں کے دو طرف ہیں لگے دام اور بھی

میں چلتے چلتے راہِ طلب میں جو تھک گیا　　کہتا ہے شوق بڑھیئے گا دو گام اور بھی

کوثر کا جام آئے گا حصے میں جب مرے　　ساقی سے میں کہوں گا کہ اک جام اور بھی

وردِ زباں ہے اب مرے عثماں جو نامِ پاک

اِس سے تو بڑھ کے کوئی نہیں کام اور بھی

قطعہ

عشرت کا دن ہے جشنِ بہاراں ہے آج کل　　　مجنوں اسیرِ کوہ و بیاباں ہے آج کل
بادِ صبا یہ کہتی ہے وقتِ خرامِ ناز　　　بکھری ہوئی فضائے گلستاں ہے آج کل

غزل

شبِ غم کی سحر نہیں ہوتی　　　دل کی دل کو خبر نہیں ہوتی
کیا قیامت ہے عشق کا قصہ　　　بات بھی مختصر نہیں ہوتی
بے بہاراں بھی دیکھ لے ساقی　　　خُم میں بھی خمرِ تر نہیں ہوتی
بے اثر شاعری یہ کہتی ہے　　　معنیٰ پر بھی نظر نہیں ہوتی

آج کردارِ نیک کی عثماںؔ
قدر مثلِ گہر نہیں ہوتی

قطعہ

کسی کی زُلفِ پیچاں اور برہم ہوتی جاتی ہے
گلوں کے چہرہ سے بھی دُور شبنم ہوتی جاتی ہے

درِ شاہِ نجف پر یہ حقیقت کھل گئی عثماںؔ
کہ گردن جانثاروں کی یہاں خَم ہوتی جاتی ہے

غزل

شیشہ و جام سے گو بزم کی زینت ہو گی
تو نہ ہوگا تو نہ حاصل کوئی لذّت ہو گی

کیا پھلے پھولے گا گلشن ترے رُخ کے آگے
گل میں یہ رنگ نہ غُنچہ میں یہ نکہت ہو گی

ایک آفت ہے ابھی سے قدِ بالا تیرا
نوجوانی میں یہ قامت بھی قیامت ہوگی

شبِ ہجراں کی جو آمد ہے تو دل کہتا ہے
شام سے آج مری اور ہی حالت ہوگی

عُمر کیا جلد گزرتی ہے نہ پوچھ اے عثماںؔ
توسنِ چرخ میں بھی ایسی نہ سرعت ہوگی

قطعہ

شمیمِ گُل اُڑی بادِ سحر سے ہُوا مسرور دل دیکھو خبر سے
سُرور انگیز ہے فصلِ بہاری سبو لبریز ہے صہبائے تر سے

غزل

کب نظر تیری فتنہ گر نہ ہوی لے گئی دل مجھے خبر نہ ہوی
ہِل گیا عرش میرے نالوں سے اُس کے دل کو مگر خبر نہ ہوی
کون رُویا نہ میرے رُونے پر نہ ہوی تیری آنکھ تر نہ ہوی
درد ہی کو بنا لیا ہمدم اپنی تنہا کبھی بسر نہ ہوی

شبِ غم دردِ ہجر سے عثماںؔ
تڑپے کیا کیا مگر سحر نہ ہوی

قطعہ

چمک کے ذرۂ ناچیز آفتاب ہُوا　　شمیمِ گُل سے شگفتہ رُخِ گلاب ہُوا
نویدِ فتح وظفر عید لے کے آئی ہے　　مۓ نشاط سے پُر ساغرِ شراب ہُوا

غزل

کیا کیفیت کہوں میں شبِ انتظار کی　　حالت تھی کچھ عجیب دلِ بے قرار کی
زخموں کے پھُول کِھلتے ہیں قاتل کی تیغ سے　　سیکھی ہے اس نے چال نسیمِ بہار کی
اب دَورِ جام میں نہ ہو تاخیر ساقیا　　ہم میکشوں کو تاب نہیں ہے خُمار کی
آنا بھی اس کا صبحِ قیامت سے کم نہیں　　کچھ حد نہیں رہی ہے شبِ انتظار کی

عثماںؔ یہ آہِ سرد کی تاثیر دیکھنا
گل ہو گئی ہے شمع ہمارے مزار کی

قطعہ

بادِ صبا چلی ہے کس ناز سے چمن میں
ہے دَورِ جامِ صہبا ساقی کی انجمن میں

کہتا ہے دَورِ شاہی ہر ایک سے یہ عثماںؔ
کیا شان کی حکومت ہے خطّۂ دکن میں

غزل

کیوں نہ پتھرا جائیں آنکھیں طالبِ دیدار کی
حد بھی کچھ ہے اے شبِ غم انتظارِ یار کی

چل گیا جادو یہ کس کی چشمِ افسوں ساز کا
ہوگئیں بیمار آنکھیں نرگسِ بیمار کی

اور تو پُرساں نہیں کوئی اسیروں کا مگر
بُو نے گُل بُلبل کو دیتی ہے خبر گلزار کی

آج تک صحرا کے کانٹے یاد کرتے ہیں مجھے
تھی مرے قدموں سے رونق وادیٔ پُرخار کی

لائے کیا خاطر میں عثماںؔ چرخ کی بیداد کو
سینکڑوں چوٹیں اُٹھائی ہیں نگاہِ یار کی

قطعہ

خُم وجام کا سامنا چاہتا ہوں مُصیبت کا عادی ہُوا چاہتا ہوں
خدا سے دُعا اپنی عثماںؔ یہی ہے علالت سے اپنی شفا چاہتا ہوں

غزل

ستاتی ہے مجھ کو مُحبت تمھاری کہیں کا نہ رکھے گی اُلفت تمھاری
رکھوں کیوں نہ دل میں مُحبت چھپا کر یہی ایک تو ہے امانت تمھاری
پھنسو گے کہیں حضرتِ دل کسی دن کروں گا کہاں تک حفاظت تمھاری
خُدا جانے کیا کیا کرے گی نہ رُسوا یہ چاہت ہماری یہ صُورت تمھاری

ہمیشہ رہے فضلِ خالق سے عثماںؔ
ریاست تمھاری حکومت تمھاری

قطعہ

روشن ہو تیرا نام بھی بَدل و نَوال سے
محفوظ تیرے تخت کو رکھے زوال سے

عثمانؔ یہ کہتے جاتے ہیں سب تیرے خیرخواہ
اہلِ دکن کی زیست ہے تیرے خیال سے

غزل

محبت میں ہے غیر حالت کسی کی
نہیں دیکھی جاتی مُصیبت کسی کی

ہر اک چاہتا ہے کرے عرضِ مطلب
نہیں بڑھتی لیکن یہ جرأت کسی کی

نہ جائیں کبھی ہم تو کوچے میں اُس کے
مگر کھینچتی ہے محبت کسی کی

پڑی حشر میں سب کو ہے اپنی اپنی
سُنے کون روزِ قیامت کسی کی

خُدا کا کرم سب پہ ہے عام عثمانؔ
نہیں کرتی تخصیص رحمت کسی کی

قطعہ

مَے ہے سُرور و نغمہ ہے اور شب برات ہے   یہ نعمتیں بھی اپنے مقدر کی بات ہے
عقل و خرد سے پوچھ لے اس راز کو ذرا   جو ذرہ ہے وہ اپنی جگہ کائنات ہے

غزل

مرتے مرتے اُس کے آنے کی تمنا رہ گئی   اور چندے کیوں نہ تو اے جانِ شیدا رہ گئی
مدعا کچھ بھی نہ نکلا نامہ و پیغام سے   آرزو تیری مرے دل میں سراپا رہ گئی
پھُونک دیتے تجھ کو گر نالے مرے ہوتے رسا   مژدہ باد اے چرخ تیری آبرو کیا رہ گئی
جان لے لی میری قاتل کی نگاہِ ناز نے   مُفت میں مجھ سے اجل کرتی تقاضا رہ گئی

تیری ہمت کی بلندی تک نہ عثماںؔ ڈگیا
اُڑتے اُڑتے طاقتِ پروازِ عنقا رہ گئی

قطعہ

کٹتی ہے عُمر یہ سُود و زیاں میں   رکھا کیا ہے اب اپنے آشیاں میں
چہکتے جاتے ہیں سارے عنادل   صبا کا دَور ہے جو گُلستاں میں

غزل

موسمِ گُل میں ہر اک رند جواں ہے ساقی   مستیٔ مَے جو تھی پہلے وہ کہاں ہے ساقی
سوئے میخانہ یہ کہتی ہے بہارِ محفل   چشمِ مخمور ہے یا اشک فشاں ہے ساقی
پی کے بدمست پڑا ہے کوئی میخانہ میں   دیکھنا شیخِ حرم آج کہاں ہے ساقی
تشنہ لب رند ہیں ہاتھوں میں لئے جامِ تہی   مَے نہ ملنے پہ عجب آہ و فغاں ہے ساقی

موسمِ گُل یہی کہتا ہے چمن سے عثمانؔ
سامنے آنکھوں کے فردوس عیاں ہے ساقی

قطعہ

مدد میں مانگتا ہوں اپنے رَب سے یہی ہے التجا میری ادب سے
یہی رہتا ہے اپنا شغل عثمانؔ وظیفہ صبح تک جاری ہے شب سے

غزل

موسم ہے دلفریب فضا ہے بہار کی شیشے میں مَے ہے آنکھ میں مستی خُمار کی
بدلے ہزار رنگ رُخ و زلفِ یار نے تاثیر ہے مگر وہی لیل و نہار کی
سُنبل کہیں، کہیں گلِ نسرین و نسترن صحن چمن میں ہے یہ نمائش بہار کی
بعدِ فنا بھی ہے یہ اثر آہِ سرد کا دُھندلی سی روشنی ہے جو شمعِ مزار کی

عثمانؔ جو مجھ کو صبحِ قیامت نظر پڑی
سمجھا یہ میں سحر ہے شبِ انتظار کی

قطعہ

ہُوی شب جو رخصت سحر ہو گئی　گلوں کی چمن کو خبر ہو گئی
مئے ناب پر آج پیرِ مُغاں　ذرا دیکھ کس کی نظر ہو گئی

غزل

نہ آیا اور کچھ ہم کو اگر آئی وفا آئی　مگر ہاں تجھ کو اے ظالم ستم آیا جفا آئی
زہے قسمت کہ قاصد نے سُنایا وصل کا مژدہ　یہ ساری عُمر میں آواز حسبِ مُدعا آئی
الٰہی خیر ہو بدلے ہوے ہیں یار کے تیور　ستم آیا، غضب آیا، بلا آئی، قضا آئی
یہاں تو میکدہ میں ہم مزے جنت کے لیتے ہیں　ہَوائے خُلد تجھ کو بھی کبھی اے پارسا آئی
دمِ رفتار دیکھی یار کی انکھیلیاں جس دم　سرِ تسلیم خم کرتی ہوی بادِ صبا آئی
ہوا جب شوق اُن کو وصل میں بننے سنورنے کا　تو دونوں ہاتھ باندھے انکی خدمت میں حنا آئی

تمہاری عمر یونہی رائگاں گزری ہے اے عثماں
نہ تم کو دستِ غیب آیا نہ تم کو کیمیا آئی

ہولی بہ زبان بھاشا

گلناری (سُرخ) ہیں کو مارت ہے پچکاری گاگریں (گھڑا) کیسا رنگ بھرا ہے

وہ بھی کھرا (خالص) زنگاری

(انترہ) سابع پیا تورے نین رسیلے وار لگا ایسا کاری

غزل

ہوگئی بزم میں یہ شرحِ بیانی کیسی بڑھ کے افسانہ ہوی آج کہانی کیسی

تھا یہ اعلان عجب دیکھ غدیرِ خُم کا ہُوتی ہے اس کی سنو شرحِ معانی کیسی

گرچہ گزرا ہے زمانہ اسے نازل ہوکر شان میں فرد ہے یہ سبعِ مثانی کیسی

کہتی ہے بادِ صبا پیشِ عروسانِ چمن موسمِ گل میں ہوی زمزمہ خوانی کیسی

پیری کہتی ہے سنو کر کے فغاں اے عثماں

آج غائب ہوی افسوس جوانی کیسی

قطعہ

عقل باریک ہوی جاتی ہے موت نزدیک ہوی جاتی ہے
کس کی زلفوں کا پڑ گیا پرَتو رات تاریک ہوی جاتی ہے

غزل

ہوی پھر یاد تازہ بُلبل و گُل کے فسانہ کی صدائیں آ رہی ہیں مُرغِ گُلشن کے ترانہ کی
نشیمن شاخِ گُل پر کیا مزہ دیتا ہے اے گلچیں بنا ڈالی ہے بلبل نے عجب اس آشیانہ کی
کچھ ایسی رفعت و شوکت ہو تیری آصفِ سابع بجائے آسماں نوبت ترے نقار خانہ کی
عروج و بخت و دولت میں دکن ہے آج لاثانی فلک سے کرتی ہے چشمک زمیں اس آستانہ کی

اِشارے پر ترے چلتا رہے چرخِ کہن عثماںؔ
موافق ہو ترے اقبال سے گردش زمانہ کی

ٹھمری بہ زبان بھاشا

(ملہار)

مورے سیّاں گھر جاؤں میں کیسے بادل وا

(انترہ)
رین اندھیری کڑک سنہری
(رات) (بجلی) (چمکدار)
ڈگر بھی جل تھل وا
(راستہ) (پانی سے بھرا ہوا)

غزل

یہ آہِ حزیں جو عیاں ہو گئی　نکل کر جگر سے فغاں ہو گئی

زمانہ کے حالات کا ہے اثر　مری زیست مجھ پر گراں ہو گئی

ستم ڈھاتے ڈھاتے دلِ زار پر　بالآخر زمیں آسماں ہو گئی

یہ ہے دل جلوں کی فغاں کا اثر　خموشی بھی ان کی زباں ہو گئی

صبا کہتی جاتی ہے نوروز سے　شمیمِ چمن بوستاں ہو گئی

عزادار کے دل میں عثماں سنو
یہ یادِ محرم سناں ہو گئی

قطعہ

لکھنے کے واسطے بھی مداد و قلم نہیں پینے کے واسطے بھی تو یہ جامِ جم نہیں
جب تک نہ کام لیں وہ خرد اور عقل سے تنقید اور تبصرہ دیکھو اہم نہیں

غزل

یہ کہہ رہی ہے پلٹ کر نگاہِ یار ابھی جہاں بدلنے کو ہے اور ایک بار ابھی
کچھ ایسی تند پلائی تھی چشمِ ساقی نے کہ سر میں ہے مئے دوشینہ کا خُمار ابھی
یہ بیخودی ہے کہ وہ آئے اور چل بھی دئے کھُلی ہوئی ہے یہاں چشمِ انتظار ابھی
ہوئی تسلئ خاطر نہ اُن کے جلوے سے مثالِ برق مرا دل ہے بیقرار ابھی
قفس میں جان ہی دے دیگی اے صبا بُلبُل سنا نہ تو خبرِ موسمِ بہار ابھی
نہ داغ مٹتے ہیں دل کے نہ زخم بھرتے ہیں بنا ہوا ہے مرا سینہ لالہ زار ابھی
جمایا رنگ وہ اسلام نے کہ اے عثماںؔ
جہاں میں ملتِ بیضا کا ہے وقار ابھی

قطعہ

کیوں نہ دنیا سے باخبر جاؤں کیوں نہ منزل سے میں گزر جاؤں
دارِ فانی میں عمر کے یوں بھی سارے قصّے تمام کر جاؤں

غزل

اپنے پہلو سے جو ہم تم کو جدا دیکھیں گے کیا غم و رنج و مصیبت کے سوا دیکھیں گے
اس قدر کھپ گئی آنکھوں میں یہ صورت تیری اب کسی کو بھی نہ ہم تیرے سوا دیکھیں گے
اے فلک کب تھی یہ اُمید ترے ہاتھوں سے اس قدر ظلم و ستم جور و جفا دیکھیں گے
حضرتِ دل تو انھیں کھینچ ہی لائیں گے مگر کچھ زباں کا بھی اثر کر کے دعا دیکھیں گے

جان دے دیں گے ترے عشق میں اک دن عثمانؔ
ہم کہاں تک یہ ترے جور و جفا دیکھیں گے

قطعہ

زمیں اور بھی آسماں اور بھی ہیں
معانی و شرح و بیاں اور بھی ہیں

یہ کہتے ہیں اقوام سارے جہاں کے
کہ دنیا میں اہلِ زباں اور بھی ہیں

غزل

ادھر جو بزم میں یہ دورِ جام باقی ہے
زمانہ عیش کا بھی صبح و شام باقی ہے

صبا تو ناز نہ اٹکھیلیوں پہ کر اتنا
چمن میں آمدِ مستِ خرام باقی ہے

یہ کہہ رہا ہے دلِ زار مضطرب ہو کر
برائے زخمِ جگر التیام باقی ہے

ہزار گردشیں کرتا رہا فلک لیکن
جہاں میں آج وہی انتظام باقی ہے

یہ کہتا جاتا ہے اسلام رہبری کے لئے
ہمارے واسطے عثماں امام باقی ہے

قطعہ

رند مخمور ہوے بادۂ تر سے پہلے آگئی فصلِ بہاری بھی ثمر سے پہلے
کہہ دو نظارہ کی حاجت نہ رہی اب ہم کو جم گیا نقشِ قدم دل میں نظر سے پہلے

غزل

ارے ظالم قفس میں بند مجھ کو تو نہ کر پہلے ذرا جی بھر کے دکھلادے چمن کو اک نظر پہلے
خرامِ ناز نے تیرے عجب فتنے اُٹھائے ہیں قیامت خیز تھی ظالم نہ تیری رہگزر پہلے
نمک افشانیٔ قاتل کا یہ احسان ہے مجھ پر مزا دیتا تھا کب ایسا مرا زخمِ جگر پہلے
ہُوا یہ خشک شاید صرصرِ فرقت سے اے گلچیں مرا نخلِ تمنّا خوب لاتا تھا ثمر پہلے
دو روزہ عُمر پر اپنی نہ پھُولے کوئی اے عثماںؔ
جہاں میں چاہیئے ڈرتا رہے حق سے بشر پہلے

قطعہ

شان و حشمت کے لئے کیا خوب زینہ بن گیا　　نام کے بھی واسطے دیکھو مدینہ بن گیا
رخصتی دنیا سے کہتی ہے سنو شام و سحر　　اک مُصیبت کا ہمارا دل خزینہ بن گیا

غزل

اِک نُور تو ہے شمعِ فروزاں لئے ہوئے　　قطرہ ہے آج صورتِ طوفاں لئے ہوئے
صُورت دکھائی دے نہیں ممکن یہ جان لے　　آئینہ ہے جو دیدۂ حیراں لئے ہوئے
قطروں سے انفعال و ندامت کے دیکھ لے　　عاصی ہے آج گوشۂ داماں لئے ہوئے
گُلشن میں آج کہتے ہیں گُل عندلیب سے　　آئی صبا بہار کا ساماں لئے ہوئے

عثمانؔ ذرا یہ دیکھ لے تو غور سے کبھی
سینہ علیؑ کا معنیٔ فُرقاں لئے ہوئے

قطعہ

چمن میں آج جو یہ نو بہار آئی ہے　　ادھر بھی بُلبلِ سینہ فگار آئی ہے
سُرور و عیش میں ڈوبی ہوی ہر اک ساعت　　خُوشا ہمارے لئے کامگار آئی ہے

غزل

اگر برق تیری نظر ہوگئی ہے　　مری آہ بھی پُر شرر ہوگئی ہے
محبت خدا جانے کیا رنگ لائے　　سُنا ہے انھیں بھی خبر ہوگئی ہے
نظر ہے کہ بجلی ادا ہے کہ برچھی　　پڑی ہے جدھر کارگر ہوگئی ہے
نہیں مدتوں عشق میں آنکھ جھپکی　　یوں ہی رُوتے رُوتے سحر ہوگئی ہے

نہیں حوصلہ اس میں پہلا سا عثماؔن
مرے دل کو کس کی نظر ہوگئی ہے

قطعہ

غمکدہ میرا جو خسانہ ہوگیا	موت کا دیکھو بہانہ ہوگیا
زندگی کچھ بھی نہیں انسان کی	مرگ کا بھی اک فسانہ ہوگیا

غزل

انداز تو عجیب یہ بادِ سحر کا ہے	ہمت ہے جو ہو کام وہ میرے جگر کا ہے
رہتا ہے حیف سامنے بابِ نجف نہاں	یہ حال بھی تو میرے قصورِ نظر کا ہے
اُڑ کر نہ جا سکی سوئے گلشن وہ آج تک	یہ بھی قصورِ بلبلِ بے بال و پر کا ہے
ہوتا نہیں فنا یہی کہتی ہے بیخودی	نشہ عجیب سر میں جو صہبا تر کا ہے

عثماںؔ سمجھ میں کچھ نہیں آتا میں کیا کہوں
جلوہ عجیب پیشِ نظر بحر و بر کا ہے

قطعہ

ذرا تو دیکھ لے سبزہ بھی خواب سے چونکا
ادھر بھی رند کو دیکھو شراب سے چونکا

کہاں کا زُہد وورع اور کہاں کی صوم و صلوٰۃ
ابھی تو شیخ بھی ہے خمرِ ناب سے چونکا

غزل

اے چشمِ یار اتنا بتا دے ذرا مجھے
یہ تو نے اک نگاہ میں کیا کر دیا مجھے

تنگ آگیا، ہجومِ تمنا سے جی مرا
مل جائے کاش اک دلِ بے مُدعا مجھے

گلزارِ آرزو میں مرے آگئی بہار
مژدہ سنائے کاش یہ بادِ صبا مجھے

آتا ہے تو نہ جان نکلتی ہے، ہجر میں
تیری طرح سے بھول گئی ہے قضا مجھے

جو دیجئے سزا مجھے عثماں قبول ہے
پہلے بتا تو دیجئے میری خطا مجھے

قطعہ

دل یہ بیخود ہے ہوشیار بھی ہے باغ میں گل ہے آبشار بھی ہے
آمدِ عید کہتی ہے ساقی ہمرہِ دورِ مے بہار بھی ہے

غزل

ایسا کہاں نصیب کہ وہ فتنہ گر ملے گر دل سے دل ملے تو نظر سے نظر ملے
دل ساتھ لے کے جاؤں گا کوچہ میں یار کے پروا نہیں اگر نہ مجھے راہبر ملے
کوچے سے آگہی نہ ہمیں نام سے خبر کیا ہم کو فائدہ ہے اگر نامہ بر ملے
ہم جانتے ہیں شرم و حیا کا بہانہ ہے دل میں ہے ان کے چور تو کیونکر نظر ملے
عثماںؔ تو کرچکا ہے ہزاروں کا امتحاں
بے شر ہوں جو کہ ایسے بہت کم بشر ملے

قطعہ

دل جوانی میں جو خراب رہا
ہاتھ میں ساغرِ شراب رہا
کہتا مُصحف ہے دین سے عثمانؔ
سامنے جلوۂ کتاب رہا

غزل

بات میں بات کیا نکالی ہے
اُس کی جو بات ہے نرالی ہے

جامِ مے دے کے ساقیا تو نے
تنِ بے جاں میں جان ڈالی ہے

ایک عالم ہے قتل کا مُشتاق
جب سے تیغِ ادا سنبھالی ہے

جس طرف دیکھو اُس کے کوچہ میں
دلِ عاشق کی پائمالی ہے

بختِ خُفتہ کا ہے اثر عثمانؔ
اُس کے دل کو جو بے خیالی ہے

قطعہ

گزری ہے گرچہ رات یہ بادِ سحر کہاں　　پہنچی ہے آج میری بھی حدِ نظر کہاں
فرشِ زمیں سے پہنچی ہے یہ آسمان پر　　کانوں میں آتے آتے گئی ہے خبر کہاں

غزل

بادِ خزاں کے دَور میں بادِ سحر تو ہے　　اہلِ چمن کو شکر ہے اتنی خبر تو ہے
رُونے کے واسطے تو ہے درکار کچھ نہ کچھ　　سینہ ہُوا ہے خشک مگر چشم تر تو ہے
جینا بھی اُس کے ساتھ ہے مرنا بھی اُسکے ساتھ　　دنیا قیام گاہ نہیں رہگزر تو ہے
خالی جو چین سے ہو تو ایسی نگاہ کیا　　دولت کے ساتھ دہر میں خوف و خطر تو ہے

پروا نہیں اگر نہ کسی کو ہو دستیاب
آبِ حیات گر نہیں عثماںؔ خضر تو ہے

قطعہ

جمالِ گُل کو چھپائے گا کیا بھلا گلشن
دبا سکی نہ صبا بھی تو بُوئے پیراہن

کہاں کی توبہ کہاں زُہد رہ گیا ساقی
جنابِ شیخ کو تھا زعمِ پاکیٔ دامن

غزل

بے پردہ اگر حشر میں وہ فتنہ گر آئے
خورشیدِ قیامت کو حقیقت نظر آئے

صحرا میں دکھانے لگے سب خُشک زبانیں
پھر خاک مرے خون کے پیاسے نظر آئے

پھر چھیڑ چلی جائے مرے ناخنِ غم سے
مژدہ ہو جُنوں تجھ کو اگر زخم بھر آئے

سمجھاؤں کچھ ایسا کہ نہ سمجھائیں کسی کو
اک بار اگر ناصحِ ناداں ادھر آئے

ہو گرمیٔ بازار مرے عشق کی عثماںؔ
آہِ شرر افشاں میں مرے گر اثر آئے

قطعہ

خونِ جگر بھی لعل بدخشاں سے بڑھ گیا
پروانہ بھی تو شمعِ شبستاں سے بڑھ گیا
ماہِ عزا یہ کہتا ہے کس شان سے سنو
ہر قطرہ اشک کا دُرِ غلطاں سے بڑھ گیا

غزل

بیٹھے ہیں ہم بھی عشق کا ساماں کئے ہوے
نذرِ نگاہِ ناز دل وجاں کئے ہوے
گل منتظر ہیں آمدِ فصلِ بہار کے
صحنِ چمن میں چاک گریباں کئے ہوے
بہلا رہا ہوں دل کو شبِ انتظار میں
محوِ خیالِ صورتِ جاناں کئے ہوے
کیا عہد ہو شکست کہ اک عمر ہو گئی
پیمانۂ شراب سے پیماں کئے ہوے
عثماںؔ اُبھار دے نہ کہیں فصلِ گل مجھے
مُدت ہوئی ہے زخم کا دَرماں کئے ہوے

ٹھمری بہ زبان بھاشا امامِ آخر زماں

مُورا مادھوئے آخر زماں
(مہدیؑ)

انترہ: درشن تیرا نین کے ماتھے
(جلوہ) (آنکھ) (روبرو)

آجائے یہ بھی سماں
(منظر)

غزل

پھولوں کی بُو بسی ہوی بادِ سحر میں ہے
یہ شکل بوستاں کی ہماری نظر میں ہے

جلوہ مثالِ مہر نُمایاں ہے ہر طرف
کیسی نبیؐ کی شان خُدا کی نظر میں ہے

بیعت یہ کہتی جاتی ہے پیرِ مغاں کی آج
مستی بھی اور کیف بھی صہبائے تر میں ہے

رہ رہ کے جو کھٹک کہ ہوا کرتی ہے مُدام
اُلفت بھری ہوی مرے قلب و جگر میں ہے

عثماںؔ یہ کہتا جاتا ہے ملتی نہیں مثال
کیسی علیؑ کی شانِ ولایت نظر میں ہے

قطعہ

دل وجگر کو مرے آج جو قرار نہیں
چمن میں نام کو بھی دیکھ لے بہار نہیں

صبا بھی کہتی ہے دامن کو چاک کرکے یہی
یہ بُوے گل ہے سُنو عنبرِ تتار نہیں

غزل

تڑپ کر جیسے شمعِ بزم پر پروانہ آتا ہے
یُوں ہی آتا ہے جس پر یہ دلِ دیوانہ آتا ہے

وہ رندِ بادہ کش ہوں مست ہو جاتا ہوں اُس سے بھی
جو خالی بھی مرے لب تک کوئی پیمانہ آتا ہے

نکل آئے ہیں کس وحشت سرا میں تیرے دیوانے
نظر کوسوں تک اب ویرانہ ہی ویرانہ آتا ہے

ہیں مرگ و زیست پردے شعبدہ گر کے تماشے کے
نظر بندی کا عالم ہے کوئی جاتا نہ آتا ہے

اسی کا سا کوئی مجنوں جو سمجھائے تو کچھ سمجھے
کہیں عثماںؔ کی باتوں میں دلِ دیوانہ آتا ہے

قطعہ

چشمِ مخمور میں اک راز ہے میخانے کا
شمع کے ساتھ تعلق بھی ہے پروانے کا

ہر گلی کوچہ میں کہتا ہے یہ مجنوں سُن لو
چرچا ہوتا ہی رہا ہے مرے افسانے کا

غزل

تسلّیَ دلِ بے تاب کردے
علاجِ ماہیِ بے آب کردے

بہا کر خون کے آنسو شب و روز
سفینہ دل کا غرقِ آب کردے

جو کچھ دیکھا شبِ ہجراں خدایا
نصیبِ دشمناں یہ خواب کردے

ہَوا بدلی اب آئے ابرِ باراں
گُل و گلزار کو سیراب کردے

غنی ہو جائے عثماں بھی الٰہی
وہ پیدا دہر میں اسباب کردے

قطعہ

ہر کسی کے واسطے دیکھو نمود و نام ہے
بدشعاروں کے لئے بھی گردشِ ایام ہے

چاہیئے اُن کو گزاریں عمر اپنی ہو کے شاد
مومنوں کے واسطے ہی مذہبِ اسلام ہے

غزل

تیرِ مژگاں کا ترے زخم بہت کاری ہے
ہر ادا سے یہ مرا دردِ جگر عاری ہے

مہر و الفت کی توقع ہو بتوں سے کیا خاک
کام اِن سخت دلوں کا تو دل آزاری ہے

کس لئے آنکھ ملانے سے ہے پرہیز تجھے
کیا تری نرگسِ بیمار کو بیماری ہے

ہو گئے خشک مرے اشک جو بہتے بہتے
خون اب دیدۂ گریاں سے مرے جاری ہے

عیش و عشرت کی ہے جو دھوم دکن میں عثمان
سب یہ کہتے ہیں ترے بخت کی بیداری ہے

قطعہ

نبیؐ کی مدح مرے دل سے جان سے نکلی
خدا کا شکر ہے عظمت سے شان سے نکلی

یہ کہتا جاتا ہے ذاکر بھی برسرِ منبر
علیؑ کی مدحتِ زیبا زبان سے نکلی

غزل

تیرِ نگاہِ ناز عجب کام کر گئے
آنکھوں سے دل میں دل سے جگر میں اتر گئے

اچھا کیا مرے دلِ مجروح کا علاج
ہنس ہنس کے وہ نمک مرے زخموں میں بھر گئے

ہم سے قفس نصیب کو صیاد کیا خبر
باقی ہیں کچھ بہار کے دن یا گزر گئے

سینے میں درد و غم سے تو خالی جگہ نہ تھی
دل میں کہاں سے آکے یہ ارمان بھر گئے

عثماں شکار ہو کے رہا صیدِ مدعا
خالی کبھی نہ تیرِ دعائے سحر گئے

ٹھمری بہ زبان بھاشا در شانِ امامِ اوّل

مولا علیؑ تورا چھوٹے نہ دامن رے

(انترہ) نجف اشرف تیرا گھرت ہے

مامن ماوا بے شُبہت ہے

غزل

جان جاتی ہے مری ناز و ادا سے پہلے
غمزہ ڈھاتا ہے ستم تیغِ جفا سے پہلے

آرزو رہ گئی اِس کی کہ خطِ جاناں کو
لایا قاصد نہ کبھی پیکِ صبا سے پہلے

مُفت عالم میں ہوا نام مسیحا تیرا
ہوگیا کام یہاں اپنا دوا سے پہلے

طائرِ رُوح مرا کُنجِ قفس سے اکبار
اُڑگیا مثلِ ہَوا تیرِ قضا سے پہلے

کامل و فرد فضیلت میں کسی کو عثماںؔ
ہم نے دیکھا ہی نہیں آلِ عبا سے پہلے

قطعہ

ملا خونِ جگر لعلِ یمن سے　　ملا ہے اشک بھی دُرِ عدن سے
بہارِ گُل میں کہتا ہے یہ ساقی　　بڑھی مستی عجب خمرِ کہن سے

غزل

جتنے گلے تھے دل کے فراموش ہوگئے　　ہم وصل میں جو اُن سے ہم آغوش ہوگئے
یہ کس کی چشمِ مست نے فتویٰ سُنا دیا　　جو پارسا تھے آج وہ مے نوش ہوگئے
مے کا رہا خیال نہ ساغر کی آرزو　　ہم کس کی چشمِ مست سے مدہوش ہوگئے
قاتل سے ہم نے حقِ محبت ادا کیا　　سر نذرِ تیغ کر کے سُبکدوش ہوگئے
عشاق بھری تھی آگ جو دل میں شبِ فراق
ایسے جلے کہ آپ ہی خاموش ہوگئے

ٹھمری بہ زبان بھاشا

مُوہے جانت اکیلی چھیک[2] لیو سر بانت[1] توری پاگریا[3]

(انترہ) میں نجف کو بھرنے جا چلی

توہے آن لپٹ لی چھا گلیا

ف۱ بیچ جس میں ۱۲ تھے ف۲ فریفتہ ف۳ (دستار جس پر طرۂ امامت چمکتا ہو)

غزل

جدھر دیکھو حقیقت جلوہ گر ہے　　کہاں آنکھوں کو اب تابِ نظر ہے

تہی دستانِ قسمت ہیں وہی لوگ　　کہ جن کی زندگی اُمید پر ہے

ذرا سی بات پر بے چین ہونا　　جو رکھے دردِ دل یہ وہ بشر ہے

جو کرنا ہو تجھے وہ کرلے غافل　　دو روزہ زندگانی مختصر ہے

قدم ان کے نہیں بڑھتے ہیں آگے　　دلوں میں جن کے کچھ خوف و خطر ہے

مصائب میں عقیدہ ہے یہ عثمانؔ

علیؑ مولا ہمارا راہبر ہے

قطعہ

سحر کے بعد ہی ہر روز شام ہوتی ہے اسی کے ساتھ ہی مستیٔ جام ہوتی ہے
برائے رُشد و ہدایات کہتا ہے عثماںؔ ہمارے واسطے ذاتِ امام ہوتی ہے

غزل

چہرہ سے گُل کے رنگِ طرب آشکار ہے گلشن میں آج آمدِ فصلِ بہار ہے
اک ہم ہوئے اسیرِ محبت تو کیا ہوا تیری کمندِ زُلف کا عالم شکار ہے
کیا کیا نشانیاں مجھے دی ہیں فراق نے لب خشک، چہرہ زرد ہے دل داغدار ہے
پائی ہے عشق میں مرے اشکوں نے آبرو دامن میں اپنے جو ہے گہر آبدار ہے
عثماںؔ بہت ہے عاصی و درماندہ یا نبیؐ
تیری نگاہِ لُطف کا اُمیدوار ہے

قطعہ

عیدِ نہم کی دُھوم ہے چنگ و رباب سے　　دل مست ہوگیا مرا جامِ شراب سے
کہتی ہے تیتے بہارِ چمن بھی گلوں سے آج　　بلبل بھی مست ہو گئے بُوئے گلاب سے

غزل

حُسن کی سیر اور ہے سیرِ گلستاں اور ہے　　چہرۂ گل اور ہے رُخسارِ جاناں اور ہے
اے گُلِ خنداں نہ کر جامہ دَری پر ناز تو　　چاک سینہ اور ہے چاکِ گریباں اور ہے
سُن لیا شاید صبا سے مژدۂ فصلِ بہار　　آج کچھ گلشن میں شورِ عندلیباں اور ہے
گلشنِ عارض کا نظارہ کہاں اسکو نصیب　　دیدۂ نرگس جدا ہے چشمِ حیراں اور ہے
دان کو وہ روشن ہے یہ آٹھوں پہر ہے جلوہ گر　　رُوئے جاناں اَور ہے مہرِ درخشاں اور ہے
فائدہ کچھ ہو نہیں سکتا تری تدبیر سے　　اے مسیحا میرے دردِ دل کا درماں اور ہے

جُبہ سا خاکِ دکن پر آج ہے سارا جہاں
بختِ دارا اور ہے اقبالِ عثماں اور ہے

ٹھمری بہ زبان بھاشا بتقریب عید امیر ۱۳ رجب

(انترہ) مُورا دھیرا[۱] ہے آج علیؑ ہی رے

دُھوم ہے ایسی فتح خیبر کی
برج[۲] میں ایک ہی کنھیا[۳] رے

[۱] بہادر [۲] عالم [۳] جوان

غزل

حیف اُن پھولوں پہ جو کانٹوں کے بن میں رہ گئے
دامنِ گلچیں سے گر کر خار وخس میں رہ گئے

سلسلہ اپنی اسیری کا نہ ٹوٹا عمر بھر
ہو گئے جب ہم رہا ارماں قفس میں رہ گئے

وہ اُدھر آغوش سے نکلے تڑپ کر اور اِدھر
ٹوٹ کر بندِ قبا دستِ ہوس میں رہ گئے

پھیر کر آنکھ اُٹھ گئے پہلو سے وہ مثلِ نظر
ہم برنگ آرزو دے دے کے قسمیں رہ گئے

میکشوں نے پی کفِ ساقی سے بھر بھر کر شراب
صورتِ جامِ تہی ہم پیش وپس میں رہ گئے

ہمدم اے عثماں جو تھے چلتے ہوئے دم کی طرح
آپ کیوں اُلجھے ہوئے تارِ نفس میں رہ گئے

ٹھمری بہ زبان بھاشا

پنیا بھرن کیسے جاؤں گردھاری

(انترہ) سُوگ کو تونے آج مٹایا

رنگ عشرت خوب جمایا

زینو[ف] پیا تورے بل بل باری

ف امام چہارم

غزل

خزاں کے آتے ہی فصلِ بہار گزری ہے — یہ بات گُل کو بہت ناگوار گزری ہے

سکوں ہوگیا غائب بغیرِ بادہ کشی — عجیب رات دلِ بیقرار گزری ہے

وہ آئیں یا کہ نہ آئیں یہ کہتی ہے فُرقت — عجیب طرح شبِ انتظار گزری ہے

یہ بات صاف عیاں ہے حدیث و فُرقاں میں — خُوشا کہ ذاتِ علیؑ یادگار گزری ہے

ہوی جو شرحِ حقائق تو کیا کہوں عثماںؔ

ہراک کے دل میں عجب خوشگوار گزری ہے

ٹھمری، بہ زبان بھاشا

جاؤ جاؤ مجھ سے بات نہ بناؤ رے

(انترہ) داؤں میں تیرے آن پھنسی ہوں

گھات پر گھات نہ لگاؤ رے

(انترہ) سانج پیا موہے دھوکا دیوت ہے

پیت سے ہاتھ اُٹھاؤ نہ اُٹھاؤ رے

غزل

دارِ فانی سے بھی انساں کو سفر کرنا ہے
زندگی پر بھی تو اک روز نظر کرنا ہے

کہتا جاتا ہے یہی شوقِ وصالِ لیلیٰ
شبِ فرقت کو بھی اعلانِ سحر کرنا ہے

کہتی جاتی ہے یہی بادِ صبا وقتِ خرام
تیرے جلوہ کا نظارہ گلِ تر کرنا ہے

جام و شیشہ کا تقاضہ ہے یہ دَورِ گل میں
جامۂ شیخ مئے ناب سے تر کرنا ہے

اک نہ اک طرح تمہیں عمر کو اپنی عثماںؔ
جھیل کر آفت و آلام بسر کرنا ہے

قطعہ

وُرودِ بادِ خزاں سے بہار ہے خاموش گلوں کے سامنے گلشن میں خار ہے خاموش
کہاں کا فاتحہ عشاقؔ کہاں کی چادرِ گل ہَوا کے سامنے شمعِ مزار ہے خاموش

غزل

دردکادل میں گھر نہ ہوجائے یہ بھی داغِ جگر نہ ہوجائے
حال پر میرے شام ہی سے کہیں چاک دامن سحر نہ ہوجائے
رُوتے رُوتے فراقِ جاناں میں پانی پانی جگر نہ ہوجائے
دردِدل روز روز کہنے سے مضطرب چارہ گر نہ ہوجائے
ہاں نہ رُونے میں ہو کمی عشاقؔ
خشک زخمِ جگر نہ ہوجائے

قطعہ

مسرور دل کو نغمۂ مزمار نے کیا　　کیسا کرم یہ طالعِ بیدار نے کیا
فصلِ بہار آ کے چمن پر جو چھا گئی　　دعویٰ برابری کا ہر اک خار نے کیا

غزل

دل کو جب دل سے راہ ہوتی ہے　　لطف کی بھی نگاہ ہوتی ہے
دیکھ دَورِ بہار میں خواہش　　مَے کی بھی گاہ گاہ ہوتی ہے
دن ہو تاریک یہ عجب کیا ہے　　رات بھی تو سیاہ ہوتی ہے
رُوئے دلدار ہو کہ شکلِ حسیں　　عشق میں بھی تو چاہ ہوتی ہے

گردشِ انقلاب سے عثمانؔ
آج دُنیا تباہ ہوتی ہے

قطعہ

کس قدر لبریز مَے سے آج یہ میخانہ ہے ہر طرف جام و سبو ہے دَور میں پیمانہ ہے
عالمِ فانی میں بھی بہرِ عبادت روز و شب اک طرف کعبہ نمایاں اک طرف بُتخانہ ہے

غزل

دل ہی نہ اپنا مُعتکفِ کوئے یار ہے رُخ بھی مثالِ قبلہ نما سوئے یار ہے
کٹ جائے تیغِ رشک سے کیونکر نہ ماہِ نو آمادہ خُود نمائی پہ ابروئے یار ہے
یہ بھی درازیٔ شبِ ہجراں کی ہے دلیل جو شام سے تصورِ گیسوئے یار ہے
واعظ ہو مجھ پہ شورِ قیامت کا کیا اثر میری نظر میں قامتِ دلجوئے یار ہے

عثماںؔ یہاں یگانہ و بیگانہ کون ہے
جس رُخ کو دیکھتا ہوں وہی رُوئے یار ہے

قطعہ

نزاکت آئی ہے پھولوں میں گلبدن کی سی
شمیم پھیلی ہے باغوں میں پیرہن کی سی

نظارہ لطف و عنایت کا کر کے اے عثمانؔ
نظر میں آئی ہے تصویر یہ وطن کی سی

غزل

دن سے کرتے ہیں وہ وعدے شام کے
بخت جاگیں گے کسی کے نام کے

کیا ہُوا ہم کو کہ بزمِ یار میں
رہ گئے دل اور جگر کو تھام کے

ساقیا آنکھوں کی گردش دیکھ کر
دَور یاد آتے ہیں ہم کو جام کے

وصل کا وعدہ کیا ہے یار نے
منتظر بیٹھے ہوئے ہیں شام کے

گر کلیجا ہل نہ جائے تو سہی
حالِ دل سنیئے ذرا دل تھام کے

آ گئی فصلِ بہاری ساقیا
مستحق ہم ہیں چھلکتے جام کے

نام جب اُس کا زباں پر آ گیا
رہ گئے عثمانؔ کلیجا تھام کے

قطعہ

بادہ بھرا ہوا ہے لبالب ایاغ میں
جلتا ہے آج روغنِ عشرت چراغ میں

بادِ صبا ہے کہتی عنادل سے باربار
نکھرے ہیں پھول آج بہت صحنِ باغ میں

غزل

دھواں اُٹھنے لگا ضبطِ فغاں سے
پھنکا جاتا ہے دل سوزِ نہاں سے

مزے تیرِ نگہ کے کوئی پوچھے
ترے بسمل سے تیرے نیمجاں سے

تڑپتے ہی تڑپتے رات گزری
نہ نکلا کام کچھ آہ و فغاں سے

ہمارے عشق کا افسانہ اکثر
وہ سنتے ہیں رقیبوں کی زباں سے

مزہ دیتا ہے الفت کا فسانہ
ذرا سنئے تو عشاق کی زباں سے

قطعہ

آج دُنیا میں اعتبار کہاں — ساتھ گُل کے ہے نو بہار کہاں
دیکھ کر مے کی شکل اے ساقی — ہو گیا دل بھی بے قرار کہاں

غزل

دیدہ و دل میں جو قاتل کی ادا پھرتی ہے — میں سمجھتا ہوں مرے ساتھ قضا پھرتی ہے
مئے تسنیم مُبارک رہے تُجھ کو زاہد — ساغرِ دل میں مئے ہوش رُبا پھرتی ہے
فصلِ گُل آتے ہی گلشن میں کوئی دیکھے تو — کیا ہی اِتراتی ہوئی بادِ صبا پھرتی ہے
کیا خبر ہے تجھے ظالم مری بربادی کی — خاک اُڑتی ہوئی کوچہ میں یہ کیا پھرتی ہے

کیا ہو تاثیر مرے آہ و فغاں میں عثماںؔ
عرش سے جا کے مری آہِ رسا پھرتی ہے

قطعہ

نگاہِ نازو عشوہ کا عجب یہ بانکپن دیکھو
نزاکت میں بھی ظاہر ہے کیسا گلبدن دیکھو
یہ دُنیا کہتی جاتی ہے صداقت کی قسم کھا کر
عروج و شان و شوکت میں ذرا ملکِ دکن دیکھو

غزل

دیکھنے والے محبت کا اثر دیکھا کئے
سامنا جب ہو گیا اُن کی نظر دیکھا کئے
جلوہ افگن تھا جو دل میں رُوئے جاناں کا خیال
آفتابِ حشر ہر داغِ جگر دیکھا کئے
جل بُجھا تھا کونسا پروانہ جس کے سوگ میں
رات بھر گریاں تُجھے شمعِ سحر دیکھا کئے
سرد مہری سے کسی کی ہو کے سرگرمِ فغاں
ہم تری تاثیر آہِ پُر شرر دیکھا کئے
جامِ جم کی ہوتی پروا کس لئے عثماں ہمیں
دل کی دُنیا ہی میں دنیائے دِگر دیکھا کئے

قطعہ

نکلا نہ ایک کام بھی مکر و فریب سے
مقصود ہاتھ آیا ہے صبر و شکیب سے

کچھ فائدہ نہیں ہے پھنسانے میں بھی تجھے
تو دُور رہ ہمیشہ دغا اور رَیب سے

غزل

راحت سے عیش و عشرت و آرام سے گئے
فُرقت میں ہم تمہاری سبھی کام سے گئے

رُخسار و زُلفِ یار کے دُھن میں جنابِ دل
آئے نہ تا سحر جو سرِ شام سے گئے

از خود پھنسے ہیں طائرِ دل اُس کی زُلف میں
پچھتاتے ہیں جو چھوٹ کے اس دام سے گئے

ناصح نہ پوچھ حالتِ دل اپنی کیا ہوی
اک دن گزر جو کوئے دلآرام سے گئے

یادِ خدا کبھی ہے نہ فکرِ مآل ہے
عثماںؔ بُتوں کے عشق میں اسلام سے گئے

قطعہ

چمن سے آج جو فصلِ بہار گزری ہے
لبوں پہ اپنے مئے خوشگوار گزری ہے

خموش ہو کے قضا کہہ رہی ہے مدفن سے
ہَوا کے ساتھ ہی شمعِ مزار گزری ہے

غزل

رکھتا نہیں ہے چین سے یہ آسماں مجھے
پہنچائے دیکھئے مِری قسمت کہاں مجھے

کہتا ہے گُل سے بُلبُلِ نالاں کہ کیا خبر
لے جائے آب و دانہ یہاں سے کہاں مجھے

برسوں میں شب کو آئے ہیں وہ اتفاق سے
یارب سنائی دے نہ صدائے اذاں مجھے

فتنے ہزار طرح کے ہیں کوئے یار میں
لے کر چلا ہے اے دلِ ناداں کہاں مجھے

راحت نصیب ہوتی ہے عثماںؔ الم کے بعد
مژدہ بہار کا ہے یہ فصلِ خزاں مجھے

قطعہ

برق یہ کیسی قیامت ڈھاگئی ہر کلی گلزار میں مُرجھا گئی
سب کے دل میں کہتی ہے عیدِ غدیر مستیٔ خمِ کہن بھی چھا گئی

غزل

زیبِ نوکِ خامہ جس دم رازِ پنہانی ہوے لکھتے لکھتے منکشف اَسرارِ حقانی ہوے
شمع کی پروانہ سُوزی سے یہ روشن ہوگیا خوبرو جتنے ہوے وقفِ ستم رانی ہوے
برق بن کر اپنے خرمن کو دیا خود ہم نے پھونک آپ ہم اپنے لئے اسبابِ ویرانی ہوے
وقتِ آرائش ہوی صورت جواُن کی بے حجاب دیکھ کر حیراں وہ آیئنہ کی حیرانی ہوے

شک نہیں اس میں کہ عثماں اہلبیتِ مصطفیٰ
صاحبِ ایماں بروئے نصِ قرآنی ہوے

قطعہ

رنگِ گُل پھُوٹ پڑا آج یہ گلزاروں سے
بڑھ گئی دل کی خلش اور بھی ان خاروں سے

دیکھنا دید کے قابل وہ سماں ہوتا ہے
جگمگاتا ہے فلک رات کو جب تاروں سے

غزل

ساقی شرابِ ناب دے اور بار بار دے
بیتاب ہوں دوائے دلِ بیقرار دے

اچھا کیا سُلوک مرے ساتھ یار نے
دل لے اُڑا یہ کہہ کے مجھے مُستعار دے

ذکرِ شراب کر کے مجھے مست کر دیا
واعظ جزائے خیر تجھے کردگار دے

مینا و جام بادۂ گلگوں ہوئے تو کیا
بے یار کیا مزہ ہمیں فصلِ بہار دے

عشاق دُعائیں اِس کے سوا اور کیا کروں
دینا جو ہو مجھے مرے پروردگار دے

قطعہ

دل کو میرے قرار آ ہی گیا عشق پر اختیار آ ہی گیا
بُلبُلوں سے یہ صبا کہتی ہے دَورِ فصلِ بہار آ ہی گیا

غزل

سُرور افزائے خاطر ہے بہارِ زندگانی ہے عجب خوش رنگ اے ساقی شرابِ ارغوانی ہے
تواضع کے لئے خونِ جگر کافی نہیں ہوتا مرے دل میں ہجومِ یاس کی جو میہمانی ہے
مرے دل کو نہ کیونکر اُنس ہو داغِ مُحبّت سے مُحبّت کا یہ تحفہ ہے یہ اُلفت کی نشانی ہے
نگاہیں قہر ڈھاتی ہیں ادائیں دل لُبھاتی ہیں قیامت جس کو کہتے ہیں تری اُٹھتی جوانی ہے
جوابِ چشمِ جاناں کیوں نہ ہو تیری زباں عثماںؔ
اُدھر جادو نگاہی ہے اِدھر جادو بیانی ہے

قطعہ

پی کر شرابِ ناب طبیعت سنبھل گئی　　نیت بھی آج شیخِ حرم کی بدل گئی
پروانے ذوق وشوق سے خود ہو گئے نثار　　محفل میں شمع دیکھئے جس وقت جل گئی

غزل

سودا تمہاری زلف کا مدت سے سر میں ہے　　برسوں سے چوٹ عشق کی میرے جگر میں ہے
حسرت سے دیکھتے ہیں جو نقشِ قدم مجھے　　کن بیکسوں کی خاک تری رہگزر میں ہے
اے چارہ ساز لذتِ سوزِ نہاں نہ پوچھ　　میں کیا بتاؤں لطف جو دردِ جگر میں ہے
جز شوقِ وصل اور لکھوں کیا میں نامہ بر　　مطلب مرا تمام اسی مختصر میں ہے

عثمان یہ شوقِ دید میں کس کے ہو بیقرار
ایسا سمایا کون تمہاری نظر میں ہے

قطعہ

آنے سے رہ گئی ہے یہ دیکھو خبر کہاں
ہوتی ہے آج غم کی نمایاں سحر کہاں

دامن ہمارا حیف تہی کا تہی رہا
گرتا ہے ٹوٹ کر یہ شجر سے ثمر کہاں

غزل

شکستہ شیشہ کو ہمراہِ جام کریں گے
یہ دَورِ بادۂ تر صبح و شام کریں گے

اگرچہ سخت ہے مشکل کہ ہاتھ میں آئے
کسی طرح بھی ہو ہم انتظام کریں گے

شکستِ توبہ یہ کہتی ہے مے سے اے ساقی
جنابِ شیخ کو ہم بھی سلام کریں گے

بہارِ گُل میں خریدیں گے پختہ مے زاہد
ابھی تو نُوش یہ صہبائے خام کریں گے

خوشا بحال بروزِ حساب اے عثماںؔ
شفاعت اپنی امامِ ہُمام کریں گے

قطعہ

رنج وغم یہ دل کہاں تک کھائے گا　　بے خِرد کو کیا بھلا سمجھائے گا
یہ زمانہ تابکے ڈھائے گا ظُلم　　اک نہ اک دن رنگ آخر لائے گا

غزل

شکوۂ جَور تجھے دیکھ کے ہم بھول گئے　　آنکھ ملتے ہی ستمگر یہ سِتم بھُول گئے
پھر وہی طرزِ جفا ہے وہی پیماں شکنی　　چار ہی روز میں سب قول و قسم بھُول گئے
سامنے اُن کے بیاں دردِ جگر کیا کرتے　　دل پہ قابو نہ رہا درد و اَلم بھُول گئے
میرے قاتل نے عجب آج مسیحائی کی　　مرنے والے بھی رہِ مُلکِ عدم بھُول گئے
دل میں رہتی تھی سدا یاد ہماری عثماںؔ
آپ اپنی نگہِ لُطف و کرم بھُول گئے

قطعہ

آئی تھی کب بہار یہ گُل کو خبر نہیں
فُرقت کی یہ وہ رات ہے جس کی سحر نہیں

واعظ کے خوف سے یہی کہتا ہے میکدہ
افسوس آج بزم میں صہبائے تر نہیں

غزل

شوقِ مَے فصلِ بہاری میں مچل جاتا ہے
اور گلزار کا ماحول بدل جاتا ہے

خود بخود دیکھ علیؑ کا جو وصی تھے برحق
نامِ پاک اُن کا زبانوں سے نکل جاتا ہے

سوزشِ عشق رہی آگ لگا کر خاموش
شمع پر دیکھ لے پروانہ بھی جل جاتا ہے

بیعتِ پیرِ مُغاں کی ہے کرامت اے شیخ
قطرۂ مے بھی خُم و جام میں ڈھل جاتا ہے

بہرِ دیدارِ نجف کہتا ہے عثماںؔ زائر
کارواں اُس کی طرف آپ نکل جاتا ہے

قطعہ

ذرا تو دیکھ لے سُنبل کے سر میں بھی خَم ہے
جہاں نما ہو جو ساغر وہ ساغرِ جَم ہے

حیات و موت میں کچھ ربط ہو نہیں سکتا
ہر اک کے واسطے دنیا میں زندگی کم ہے

غزل

صفِ عشاق کی پیہم صفائی ہوتی جاتی ہے
یہ مقتل میں نئی تیغ آزمائی ہوتی جاتی ہے

مرا خوانِ تمنا رفتہ رفتہ رنگ لایا ہے
کہ رنگت دستِ نازک کی حنائی ہوتی جاتی ہے

مزاجِ یار میں کیا جانئے کیا اب سمائی ہے
کہ میرے روبرو میری بُرائی ہوتی جاتی ہے

تو ہم کو چۂ دلدار تک جانے نہیں دیتے
عجب قسمت کی میری نارسائی ہوتی جاتی ہے

یہ قسمت کی رسائی ہے یہ تائیدِ الٰہی ہے
کہ عثماںؔ کی طرف ساری خدائی ہوتی جاتی ہے

قطعہ

خوشی دل کو ہوی پیکِ خبر سے ‌ ‌ ‌ مچی ہے دھوم یہ وقتِ سحر سے
یہ سمجھو فیض ہے پیرِ مغاں کا ‌ ‌ ‌ بڑھا جو کیف دورِ خمر تر سے

غزل

صورت سے عیاں ہے نہ کہوں گا میں زباں سے ‌ ‌ ‌ پوشیدہ نہیں واقفِ اسرارِ نہاں سے
دل ٹوٹ گیا خاک پہ خود ہو کے نشانہ ‌ ‌ ‌ چلنے بھی نہ پایا تھا ابھی تیر کماں سے
آنکھوں میں اثر مے کا ہے لغزش ہے قدم میں ‌ ‌ ‌ یہ تو کہو اس شان سے آتے ہو کہاں سے
صد شکر کہ خالی نہ گئی آہ جگر کی ‌ ‌ ‌ وہ بھی تو ہیں محجوب مری آہ و فغاں سے

ہر وقت ہے عثماںؔ مجھے عقبیٰ کا تصور
جانا ہے پلٹ کر وہیں آئے ہیں جہاں سے

قطعہ

غنچۂ دل کو مُسکرانا تھا راہ میں بھی قدم بڑھانا تھا
رُوئے زیبا کو دیکھ کر عثماںؔ میرے دل کو فریب کھانا تھا

غزل

ظالم کہاں کہاں ترے تیرِ نظر گئے دل کی طرف کبھی، کبھی سوئے جگر گئے
بُلبُل ہے محوِ رنگِ چمن، اُس کو کیا خبر جھونکے نسیم کے کِدھر آئے کِدھر گئے
کیا پوچھتے ہو غنچہ و گل کا مآلِ کار گلشن میں جمع چند ورق تھے بکھر گئے
تھا رنگ دیدنی مژۂ اشکبار کا اشکوں کے ساتھ ساتھ جو لختِ جگر گئے
عثماںؔ وصالِ طالب و مطلوب ہوگیا
بالائے عرش جب شہِ جن و بشر گئے

قطعہ

چمن میں دیکھ لے رنگِ بہار کیا ہوگا کسی کے وعدوں کا یوں انتظار کیا ہوگا
جو مٹ گئے نہ رہا خاک کے سوا کچھ بھی تو اُن کی قبر پہ نقش و نگار کیا ہوگا

غزل

غمزے نئے نئے ہیں اشارے نئے نئے انداز و ناز سب ہیں تمہارے نئے نئے
افشاں جما کے تم نے یہ اندھیر کر دیا گرنے لگے زمیں پہ ستارے نئے نئے
پیمان و عہدِ کل کے فراموش ہو گئے اقرار و قول آج ہیں سارے نئے نئے
گردوں پہ آگ لگ گئی محشر بپا ہوا نکلے جو آہِ دل کے شرارے نئے نئے

طیبہ کبھی نظر میں ہے عثمانؔ کبھی حرم
حدِ نگاہ کے ہیں کنارے نئے نئے

قطعہ

عشق کے واسطے فسانہ تھا　　جان دینے کا اک بہانہ تھا
شاخ پر گُل کی آشیانہ تھا　　واسطے مُرغ کے گلستاں میں

غزل

غمِ فراق کو دیرینہ آشنا سمجھے　　ہم ابتدائے محبت کو انتہا سمجھے
ہزار بار کہا لاکھ بار سمجھایا　　کبھی نہ آپ مرے دل کا مُدعا سمجھے
ہمیشہ ظُلم اُٹھاتے رہے مزے لے کر　　کبھی نہ تیری جفاؤں کو ہم جفا سمجھے
اُمید رحم کی ہو خاک ایسے قاتل سے　　ہمارے خونِ تمنا کو جو حنا سمجھے

کبھی نہ چین سے رہنے دیا ہمیں عثماںؔ
ہمارے اس دلِ بیتاب سے خُدا سمجھے

قطعہ

گلوں سے پُر بھی یہ صحنِ چمن ہے　　بھرا غنچوں میں بھی مشکِ ختن ہے
عجب شان و حشم میں آج عثمانؔ　　جہاں کہتا ہے یہ مُلکِ دکن ہے

غزل

فُرقتِ یار میں صبر آئے گا آتے آتے　　رنج و غم جائیں گے دل سے مرے جاتے جاتے
ڈُھونڈتا پھرتا ہوں قاصد کا میں قاصد بن کر　　کھو گیا راہ میں نامہ مرا لاتے لاتے
اشکباری کا یہی وقت ہے اے دیدۂ تر　　بھر گیا ابرِ الم سینہ پہ چھاتے چھاتے
جستجو کے لئے نکلے ہیں مرے اشکِ رواں　　گُمشدہ دل کا پتہ پائیں گے پاتے پاتے

کلمہ گو اُس کا ہوں میں شکرِ خدا اے عثمانؔ
عرش تک پُہنچا جو معراج میں جاتے جاتے

قطعہ

سرِ گردوں یہ رفعت ہے کہاں سے
دلوں میں یہ مُروّت ہے کہاں سے

نہ ہو جب تک ضمیرِ پاک عثماںؔ
تو انساں کی حقیقت ہے کہاں سے

غزل

فصلِ گُل آئی کُشادہ ہر درِ میخانہ ہے
جس طرف دیکھو اُدھر اک جلوۂ مستانہ ہے

جل رہا ہے صرصرِ آہِ جگر میں داغِ دل
ہے عجب آندھی میں روشن یہ چراغ خانہ ہے

میکدہ کا رنگ آتا ہے نظر گلزار میں
ہے شرابِ ناب شبنم گُل ہر اک پیمانہ ہے

کون ہے ایسا کہ جس کو عشق کا سودا نہیں
حُسنِ عالمگیر کا ہر اک ترے دیوانہ ہے

تم نے اے عثماںؔ سنی ہے کس کے آنے کی خبر

شام ہی سے حالتِ دل آج بیتابانہ ہے

قطعہ

دیکھ لے غور سے ہر کوہ کہ وہ طُور نہیں　　جلوہ غائب ہے نظر سے کہ وہ پُرنور نہیں
بادۂ خام تھا کہتا ہے سُبُو سے ساقی　　پی کے مَے زاہدِ ناداں بھی تو مخمور نہیں

غزل

کچھ سحر کا وقت ہے کچھ شام ہے　　اور چمن میں مُرغِ بے ہنگام ہے
انقلابِ دہر کہتا ہے سُنو　　دیکھ لے تو گردشِ ایام ہے
کیسا ہے یہ ربط اور مربوطِ کار　　بادہ جب تک ہے فروغِ جام ہے
دو ہی دن میں عاشقی غائب ہوی　　یہ بھی کیا آغاز کیا انجام ہے

ہر کسی کے واسطے عثمانؔ یہ دیکھ
میکدہ میں آج اِذنِ عام ہے

قطعہ

فصلِ گُل باغ میں جو آئی ہے　مُرغ کے واسطے رہائی ہے
خُوب مے شیخ کو پلائی ہے　آج فیاض ہو کے ساقی نے

غزل

کس بلا کا حُسن اس کاکُل میں ہے　پیچ وخَم ایسا کہاں سُنبل میں ہے
عشق کی تاثیر دیکھو اے باغباں　نکہتِ گُل نالۂ بُلبُل میں ہے
آہِ بُلبُل سے ہیں گُل سینہ فگار　کچھ عجب تاثیر شور وغُل میں ہے
شیشہ کہتا ہے یہ جُھک کر جام سے　کیا صدا مستی بھری قُلقُل میں ہے

رنگِ ہستی دیکھ عثماںؔ غور سے
ہے عجب کُل جزُ میں اور جزُ کُل میں ہے

ٹھمری بہ زبان بھاشا

دیکھن یَیں تو کیسے چَلت مرغزار

(انترہ)

رنگ میں اپنے لالہ بنفشہ

رَوِش رَوِش پر گیندا بیلا

مہک رہی ہے چنپا چنبیلی

دَونا مَروا مولسری بھی

کوئل کو کی قُمری بولی، پھُوٹ بہا آبشار
(نہر)

غزل

کس نے ملایا بادہ میں سَم کچھ نہ پوچھئے
کیا کیا ہوے ہیں ہم پہ کرم کچھ نہ پوچھئے

معمار سے تو پوچھ لے رازِ دُروں کبھی
کس شان سے بنا ہے حرم کچھ نہ پوچھئے

کیا پوچھتے ہو حج و زیارت کے واسطے
آئے ہیں آج کیسے قدم کچھ نہ پوچھئے

ہاتھوں سے آسمانِ جفاکیش کے مُدام
کیا کیا ہوے ہیں جور و ستم کچھ نہ پوچھئے

جتنے عدو تھے دیں کے وہ عشاق کہاں ہیں اب
رُخصت ہوے ہیں سوئے عدم کچھ نہ پوچھئے

قطعہ

میخانہ میں ساقی مرا کاشانہ بنا دے
شیشہ کو مرے توڑ کے پیمانہ بنا دے

اے بادِ صبا چل کے ذرا جانبِ گلشن
سبزہ کو ہر اک پھول سے بیگانہ بنا دے

غزل

کسی کی زُلف اور رُخسار کا جیسے کہ سودا ہے
برنگِ قطرۂ خوں دل ہے اور نافہ سُویدا ہے

مری گرمئ خوں سے گھٹ نہ جائے آب خنجر کی
نہیں ہے خوف مرنے کا مگر کچھ خوف ہوتا ہے

نظر آتے ہیں ہر ہر آن پر ہر رنگ کے جلوے
کہ دل کے گنجِ مخفی میں خدا ہی جانے کیا کیا ہے

عجب انداز سے گرمِ خرامِ ناز ہے کوئی
کہ ہر ہر دیدۂ نقشِ قدم محوِ تماشا ہے

کسی کو آپ کے وعدہ سے کیا تسکین ہو عثماںؔ
کہ فردائے قیامت آپ کا اقرارِ فردا ہے

قطعہ

جلوہ عبادتوں کا ہے دیکھو نماز میں
کچھ اور ہی ہے کیف یہ راز و نیاز میں

پستی یہ کہتی جاتی ہے شرمندہ ہو کے آج
درجہ بلند کیسا ہے دیکھو فراز میں

غزل

کوئی کیا جانے کیونکر دل کسی کے دل سے ملتا ہے
ازل سے سنتے آئے دل بڑی مشکل سے ملتا ہے

پتہ کوسوں محبت کا نہیں ملتا زمانہ میں
اگر ملتا ہے تو کچھ کچھ ہمارے دل سے ملتا ہے

ہمارا حال خود کہتا ہے جو کچھ ہجر میں گزری
تماشہ ہے پتہ ماضی کا مستقبل سے ملتا ہے

الٰہی ہو رہی ہے عید کیسی آج مقتل میں
کوئی بسمل سے ملتا ہے کوئی قاتل سے ملتا ہے

کیا ہے خون کس نے کس پہ میں دعویٰ کروں عثماںؔ
پتہ ملتا ہے تو کچھ دامنِ قاتل سے ملتا ہے

قطعہ

جُود و بخشش سے اپنا نام رہا　　رات دن مَے سے ہم کو کام رہا
نغمہ کہتا ہے آج رندوں سے　　عیش کا دَور وقتِ شام رہا

غزل

کھچے گی تیغ تو ہم اپنا کام کرلیں گے　　لُہو لگا کے شہیدوں میں نام کرلیں گے
خیالِ یار کا گر نقش جم گیا دل میں　　اسی کو وجہِ حُصولِ مُرام کرلیں گے
ہمارے دل میں اگر جلوہ گر ہے نُورِ خدا　　تو اپنے دل ہی کو بیتُ الحرام کرلیں گے
جو مُہر کہ سرِ خُم ہے وہ ٹوٹ جائے نہ رند　　شکستِ توبہ کا آپ انتظام کرلیں گے
نسیمِ وادئ بطحیٰ اگر چلے عثماںؔ
تو ہم بھی اُس سے مُعطّر مَشام کرلیں گے

قطعہ

ہزار فتنوں کو لے لے کے آسماں گزرے
بہارِ گُل میں بھی نظروں سے آشیاں گزرے
یہ کہتا جاتا ہے نوروز آج غُنچوں سے
صبا کے ساتھ بھی کیسے یہ بوستاں گزرے

غزل

لب پہ اے چرخ مری آہِ رسا آتی ہے
اپنے خرمن کو بچا برقِ بلا آتی ہے
میں کروں چہرۂ قاتل کا نظارہ کیونکر
کہ مجھے نیند تہِ تیغِ جفا آتی ہے
دل کو تسکین تو دینا نہیں آتا تجھ کو
جان لینے کی مگر خوب ادا آتی ہے
نکہتِ گُل کا بھلا رنگ جمے گا کیا خاک
گرد اس کوچہ کی ہمراہِ صبا آتی ہے
دل میں آتا ہے کہ ہو جائیے از خود معدوم
دیکھیں پھر ڈھونڈتی کس طرح قضا آتی ہے
کہیں مل جائے مسیحا تو میں اُس سے پوچھوں
دردِ دل کی بھی تجھے کوئی دوا آتی ہے
کچھ سمجھ میں نہیں آتا یہ معمہ عثماں
عمر معلوم نہیں جاتی ہے یا آتی ہے

قطعہ

یہ کیسی دُھوم محفل میں مچی ہے کہ ہر سُو دَورِ عشرت ہے خوشی ہے
دلِ پروانہ کا عالم نہ پوچھو ضیائے شمع سے کیا لَو لگی ہے

غزل

لبِ جاں بخش ہیں اعجاز دکھانے والے کُشتۂ ناز کو باتوں میں جِلانے والے
مست ہے الفتِ جاناں میں حیاتِ ابدی زندہ ہو جاتے ہیں ہستی کے مٹانے والے
شکوہ گردوں سے ہے بیجا دلِ ناداں تیرا خاک میں تجھ کو ملاتے ہیں ملانے والے
کروٹیں لے کے گزاری شبِ فرقت ہم نے کیا غضب کرتے ہیں وعدہ پہ نہ آنے والے
رُو کنے سے مرے رُکتے نہیں ارماں عثماںؔ
آ ہی جاتے ہیں کسی طرح سے آنے والے

قطعہ

لب پہ یہ کس کا نام آ ہی گیا ساتھ ہی احترام آ ہی گیا
نہیں معلوم کیا ہُوا دل کو صبح جو ذکرِ شام آ ہی گیا

غزل

مٹے عاشقوں کے نشاں کیسے کیسے ہوے انقلابِ جہاں کیسے کیسے
کیا قتل ابرو نے مل کر نگہ سے چلے ہیں یہ تیر و کماں کیسے کیسے
ہمارا ہی دل ہے کہ مر مر کے ہم نے دیے عشق میں امتحاں کیسے کیسے
ہُجومِ غم و درد و حسرت ہے دل میں بھرے رہتے ہیں میہماں کیسے کیسے

شب و روز ہوں محوِ نظارہ عثماںؔ
نظر میں ہیں جلوے نہاں کیسے کیسے

قطعہ

عجب قطروں کی بارشں میں لڑی ہے کہ جس کی دید کو بُلبُل کھڑی ہے
مچی ہے دُھوم شادی کی یہ کیسی شگونِ نیک کی آئی گھڑی ہے

غزل

مجھ سے شبِ فراق کی آفت نہ پوچھئے صورت ہی دیکھ لیجئے حالت نہ پوچھئے
اقرارِ وصل کرکے وہ انکار کر گئے بن کر بگڑ جو جائے وہ قسمت نہ پوچھئے
پہلو نشیں جو ہو شبِ ہجراں خیالِ یار پھر آرزوئے گرمیٔ صحبت نہ پوچھئے
صبحِ شبِ وصال قیامت سے کم نہ تھی کیا میرا حال تھا دمِ رخصت نہ پوچھئے
عثماں پڑی ہیں عشق میں کیا کیا مُصیبتیں
اس مختصر کی مجھ سے طوالت نہ پوچھئے

قطعہ

رونق بڑھی چمن کی صبا کے خرام سے　　حُرمت ملی ہے آج بھی صہبا کے جام سے
کہتے ہیں یہ حقائقِ مُحکم خدا گواہ　　وُسعت ہُوئی ہے دین کی ذاتِ امامؑ سے

غزل

مِرا دل جو نذرِ جفا ہو رہا ہے　　یہی تذکرہ جابجا ہو رہا ہے

ہوے جاتے ہیں اور برہم وہ ہم سے　　یہ اجرِ مُحبّت ادا ہو رہا ہے

دلِ مُبتلا اُن کے ناز و ادا پر　　کوئی دیکھے کیسا فدا ہو رہا ہے

سرِ بزم ہوتے ہیں اُن کے اشارے　　یہ ہم پر سِتم برملا ہو رہا ہے

سمجھ میں نہیں آتا یہ بھید عثماںؔ
خُدا جانے دُنیا میں کیا ہو رہا ہے

قطعہ

ہر گُل بھی دیکھو پیکرِ مستِ شباب تھا — رعنائیوں میں آپ ہی اپنا جواب تھا
کہتا ہے باغ دیکھو یہی عندلیب سے — دَورانِ فصلِ گُل میں بھی جامِ شراب تھا

غزل

مُژدہ آیا ہے خبر سے پہلے — عیش برپا ہے سحر سے پہلے
مُدعا مل کے رہا ہے آخر — اس عنایت کی نظر سے پہلے
کہتا ہے ظلم بچا کر نظریں — آہ نکلی ہے جگر سے پہلے
خوبُ بادِ بہاری سے سُنو — پھول آیا ہے ثمر سے پہلے

ہوگیا کرب و بلا سے عثمانؔ
دیکھو وابستہ بھی در سے پہلے

قطعہ

کیسا چھایا شباب کا عالم
اُس پہ کیفِ شراب کا عالم

رُوئے نرگس پہ کہتا ہے بُستاں
دیدۂ نیم خواب کا عالم

غزل

میرے نالوں نے جو اک حشر اُٹھا رکھا ہے
دل نے پہلو میں عجب شُور مچا رکھا ہے

وصل ہوتا ہے نہ مٹتی ہے تمنّا دل کی
یاس و اُمید نے دیوانہ بنا رکھا ہے

مثلِ پروانہ جلاتے ہیں دِلوں کو کیا کیا
شمع رُویوں نے بھی اندھیر مَچا رکھا ہے

ہم سمجھتے ہیں قفس ہی کو نشیمن اپنا
صحنِ گلزار میں کیا بادِ صبا رکھا ہے

حشر میں عفوِ گُنہ کے لئے ہم نے عثماؔن
آسرا شافعِ اُمت کا لگا رکھا ہے

قطعہ

دَور میں ساغرِ شراب آیا — کیف پینے میں بے حساب آیا
بادہ نُوشی سے دیکھنا ساقی — رُوئے پیری پہ بھی شباب آیا

غزل

دیکھے ہیں جلوے بھی میں نے رات کو مہتاب کے — کیسے نظّارے تھے کچھ پُوچھو نہ آب و تاب کے
میں کبھی ہوں اَرضِ بطحٰی میں کبھی پیشِ نجف — دیکھے ہیں کیسے مناظر یہ نہ پوچھو خواب کے
ہوتی جاتی ہے عجب بربادیٔ اہلِ جہاں — سامنے آتے ہیں نقشے روز و شب سیلاب کے
ہاتھ سے ساقیٔ کوثر کے دمِ عیدِ غدیر — خُم کے خُم خالی ہوئے جاتے ہیں خمرِ ناب کے

کس طرح ہوتی قدمبوسی نجف کی اَلغرض
ڈھنگ سیکھے میں نے بھی عشاق بہت آداب کے

قطعہ

بغیر جود و سخا خرمی نہیں ہوتی
دل و نظر میں خوشی باہمی نہیں ہوتی

یہ کہتے جاتے ہیں بذل و نوال دُنیا سے
ترے خزانہ میں عثماںؔ کمی نہیں ہوتی

غزل

نالہ ہائے بلبلِ شیدا میں کیا تاثیر ہے
جو چمن میں پھول ہے گلچیں کا دامنگیر ہے

ہر نگہ تیری جگر کے واسطے اک تیر ہے
ہر ادا تیری مرے دل کیلئے شمشیر ہے

عمر بھر قیدِ علائق سے رہائی ہے مُحال
ہائے اس دُنیا کی پابندی عجب زنجیر ہے

ناوک افگن نے کیا بسمل نئے انداز سے
مُرغِ دل میرا خدنگِ ناز کا نخچیر ہے

فیصلہ ہو جائے میرا آج قاتل سے کہو
ورنہ میرا ہاتھ ہے اور دامنِ شمشیر ہے

پڑھتے ہی مضمون خط کا دردِ دل جاتا رہا
نامۂ دلدار ہے یا نُسخۂ اکسیر ہے

کیا ضرورت ہے ہمیں عثماںؔ تری تصویر کی
جو خیال آتا ہے دل میں وہ تری تصویر ہے

قطعہ

دُنیا کا بوجھ میرے لئے بارِ دوش تھا ہر ایک ذی شعور بھی دیکھو خموش تھا
لغزش ہوی نہ اُس کو رہا ایک حال پر پی کر شرابِ ناب بھی زاہد کو ہوش تھا

غزل

نہ پُوچھو یہ لگی آتش کہاں سے جگر جلنے لگا سُوزِ نہاں سے
بھلا جور و ستم کب تک سہیں ہم یہ کہہ دیں آپ ہی اپنی زباں سے
نہ سُنئے داستانِ سُوزِ فُرقت زباں جَل جائے گی میرے بیاں سے
بھری محفل میں رُو کر شمع بولی سحر کو کوچ ہے اپنا یہاں سے
جہاں صیّاد کا کھٹکا ہو عثماںؔ
قفس بہتر ہے ایسے آشیاں سے

قطعہ

ملی ہے آب کیا دُرِ ثمیں سے مُذبذب حال بدلا ہے یقیں سے
یہ کہتا جاتا ہے مُصحف بھی عثماںؔ کہ پھیلی ہے ضیا دینِ مُبیں سے

غزل

نہ دل میں چین نہ صبر و قرار باقی ہے گلہ ترا تو بس اے چشمِ یار باقی ہے
دکھائی وحشتِ دل نے نئی بہار ہمیں کہ جیب ہے نہ گریباں میں تار باقی ہے
ہوس ہے دل میں تو پامال کر دے اس کو بھی ابھی تو دیکھ نشانِ مزار باقی ہے
وہی ہیں پھول سے عارض وہی ہے رنگِ شباب ہزار شکر چمن میں بہار باقی ہے

فلک کے جور سے یہ حال ہو گیا عثماںؔ
نہ مے رہی وہ صحبت، نہ یار باقی ہے

قطعہ

صحنِ چمن کو بھر دیا مُشکِ تتار نے　مارا گلوں کو پیشِ صبا انتظار نے

تیار کی گلوں نے، پلائی بہار نے　خُمِ غدیر آج یہ کہتا ہے مے کو بھی

غزل

اگر ہم مر گئے تیری بلا سے　نہ ظالم باز آ جور و جفا سے

ہمیں معلوم تھا یہ ابتدا سے　کرو گے تم جفائیں اِنتہا کی

دھڑکتا دل ہے اپنا ہر صدا سے　بہت ہم تک رہے ہیں راہ تیری

وفا کی کیا اُمید اُس بے وفا سے　نہیں کچھ اعتبارِ عہد و پیماں

کریں کیا چارۂ دل اپنا عثماںؔ

کہ تنگ آئے ہیں دردِ لا دوا سے

قطعہ

یہ بارِ عشق ہم سے اُٹھایا نہ جائے گا
اور شیخ کو بھی بادہ پلایا نہ جائے گا

شمعِ لحد سے کہتی ہیں یہ گُل کی چادریں
بادِ صبا سے آج بُجھایا نہ جائے گا

غزل

نہیں کچھ فائدہ اس زندگی سے
جو نیکی ہو نہ ظاہر آدمی سے

ذرا اہلِ خبر کا دل تو دیکھو
نہیں رکھتا عداوت وہ کسی سے

نہ ہو بدنام یہ خُمخانہ ساقی
نہیں کچھ فائدہ جامِ تہی سے

نہیں اچھی ہمیشہ یاد رکھو
رہو ہُشیار تم بھی دل لگی سے

نجف کی شمع ہے کیا خوب عثماںؔ
مُنوّر اک جہاں ہے روشنی سے

قطعہ

سحر ممکن نہیں ہے شب کو بدلے ۔۔۔ نہ نکہت عنبرِ اشہب کو بدلے
یہ کچھ آساں نہیں کہتا ہے عثمانؔ ۔۔۔ نہیں ممکن کوئی مذہب کو بدلے

غزل

وارفتہ خود بخود جو دلِ بیقرار ہے ۔۔۔ شاید کسی کے آنے کا آج انتظار ہے
آخر دکھایا جوشِ محبت نے یہ اثر ۔۔۔ پُرسانِ حال ہم سے کوئی بار بار ہے
زاہد یہ رنگ دیکھ ذرا بزمِ عیش کا ۔۔۔ مَے ہے صنم ہے سبزہ ہے فصلِ بہار ہے
کوچہ میں تیرے کس کا ہُوا خونِ آرزو ۔۔۔ حسرت برس رہی ہے یہ کس کا مزار ہے

عثمانؔ کیا ہے عشق نے ایسا ہمیں تباہ
دل کو جو پوچھئے تو اک اُجڑا دیار ہے

قطعہ

کیا فائدہ کہ سبحہ و زُنّار توڑیئے جامِ شرابِ ناب نہ زنہار توڑیئے
آیا نہ کام جب سرِ محفل تو ساقیا ساغر کو ہاتھ سے سرِ بازار توڑیئے

غزل

ہیں داغِ عشق کے بھی نگینے نئے نئے پُر ہیں دل و جگر کے خزینے نئے نئے
بے خوف بحرِ عشق کی اب سیر کیجئے لنگر نئے نئے ہیں سفینے نئے نئے
لختِ جگر نکلتے ہیں فرقت میں چشم سے دیکھے نہ ایسے لعل کسی نے نئے نئے
کثرت ہے آرزو کی تمنا کا جوش ہے نکلے زمینِ دل سے دفینے نئے نئے

سابق کے رنگ ڈھنگ وہ عثماںؔ بدل گئے
منظر نئے نئے ہیں قرینے نئے نئے

قطعہ

ہو چکی طے جو منزلِ مقصود آگئی ہے گھڑی بھی کیا محمود
آگیا ہاتھ میں دُرِ مکنوں اور ساعت بھی آئی ہے مسعود

غزل

یادِ مے دل سے فراموش ہوی جاتی ہے آنکھ ساقی کی جو مدہوش ہوی جاتی ہے
بادہ نُوشی سے زباں شیخ کی میخانہ میں شمع کی طرح وہ خاموش ہوی جاتی ہے
رحمتِ خالقِ عالم کی نہیں حد کوئی وہ خطا بخش و خطا پُوش ہوی جاتی ہے
کہتا ہے موسمِ گُل آج یہ پیشِ بُلبُل عادتِ شیخ بھی مے نُوش ہوی جاتی ہے

زندگی کیا ہے مُصیبت کا ہے مخزن عثماںؔ
فکر گھر کی بھی تو بر دُوش ہوی جاتی ہے

★★★

منتخب غزلوں کا ایک اور مجموعہ

انتخابِ غزلیات (حصہ اول)

مصنف : میر عثمان علی خان

بین الاقوامی ایڈیشن جلد منظر عام پر آرہا ہے